心理調査の基礎

FIRST STEP TO
RESEARCH
PSYCHOLOGIST

心理学方法論を社会で活用するために

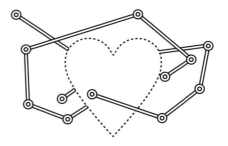

監修 | 公益社団法人 日本心理学会
編 | サトウタツヤ・鈴木直人

認定心理士（心理調査）資格の発足にあたって

　2013年10月，公益社団法人日本心理学会の常務理事会の開始前にサトウタツヤさんと雑談をしていたとき，突然サトウさんから「鈴木さん心理調査士のような資格を作ったらどうだろう」という話が出ました。当時総務担当をしていた私は二つ返事で「いいね。作ろうか。今日の常務会で話をしよう」。これが，「認定心理士（心理調査）」が産声をあげた瞬間でした。その後，集まりやすいからという理由で関西のメンバーを中心に本書の執筆者でワーキンググループを作り，検討を重ね，「心理調査士」という原案で，日本心理学会の理事会に提案し，了解をいただきました。ワーキンググループとしては心理調査士という名称にしたかったのですが，監督官庁である内閣府との数度にわたる折衝，また指導の結果，「認定心理士（心理調査）」という名称となりました。

　皆さんご存知のように，2017年現在，国家資格である「公認心理師」が動き出しつつあります。公認心理師は，法律上汎用資格ということになっていますが，心理学の課程を終えた多くの卒業生が取ることのできる資格ではなく，原則として大学院への進学を必要とし，臨床・応用的傾向が色濃いものになっていくものと思われます。その他の心理学関連の資格には，公益法人認定資格，学会連合認定資格，学会認定資格など30ほどありますが，公益社団法人日本心理学会の認定している認定心理士と，一般社団法人日本心理学諸学会連合の行っている心理学検定を除き，その他の資格は臨床・応用に関するものです。認定心理士は，あくまでも大学などで心理学の課程を学んだことを証明する資格にすぎず，一部の人が誤解しているような職能資格ではありません。また，心理学検定は，心理学に関する机上の知識をもつことを示すものにすぎず，心理学の課程を修めたことを意味するものではありません。

　大学の心理学の課程では，さまざまな心理学に関する専門科目はもちろん，心理学実験法や心理学統計法，そして心理学実験実習（あるいは演習）という科目が必修の基礎科目として設置されています。心理学の実験および調査では，物質科学のように1+1＝2というような結果は，多くの場合得られません。人間や動物を対象として扱う場合，教示の仕方一つで，また，接し方一つで結果が違ってきます。さらに，個人差が大きいこともご存知だと思います。つまり，

人間（動物）の場合，1+1が2になるとは限らないのです。心理学の課程では，こうした対象とする現象の特殊性や問題点，また個人差が結果に与える影響を身をもって体験することの重要性から，伝統的に実習を大事にしてきたのです。また，こうした物質科学とは異なる不確実性を担保するための技法として，心理学統計法や実験計画法あるいは心理学研究法などを開発し，それらの科目をほとんどすべての心理学課程を置く大学で必修にし，心理学生は物質科学と異なる人間科学の研究方法やノウハウを学んでいるのです。

　しかしながら，先ほど述べたように，これまで心理学を学んだ学生が取得できる資格のほとんどは，臨床・応用に進む一部の学生・実践家のための資格しか存在していません。大学の心理学の課程で心理学実習や卒業論文などで実証的な心理学を学んだ大部分の学生が，その知識や技術を仕事に生かすことができる資格は存在していなかったのです。

　そこでこのたび，公益社団法人日本心理学会は「認定心理士（心理調査）」の資格を制度化しました。この資格は，心理学を学んだ一般学生が，大学の心理学の課程で学んだ知識，技術を企業，官公庁，教育現場など様々な場面で生かすことのできることを目指した資格です。このため，この資格は，調査（実験）対象について，自分の力で，問題点を探り，目的を設定し，調査（あるいは実験）をする方法を計画し，実施し，得られた結果を解析し，考察することのできる能力を有することを求めています。またそういう能力をもっている人物であることを認定する資格です。こう言うと難しそうに聞こえるかもしれませんが，心理学課程で学ぶ皆さんが将来取り組む，あるいは現在取り組んでいる卒業論文をイメージしてください。認定心理士（心理調査）で求めているのは，卒業論文を書き上げるにあたって必要な事柄，能力ということなのです。

2017年2月

編者を代表して

鈴木直人

執筆者紹介

執筆順，◎は編者

◎ サトウタツヤ（佐藤 達哉）
執筆担当：第1章
現職：立命館大学総合心理学部教授
主要著作・論文：『臨床心理学史』（東京大学出版会，2021年），*Making of The Future: The Trajectory Equifinality Approach in Cultural Psychology*（共編著，Information Age Publishing，2016年），『心理学の名著30』（筑摩書房，2015年），『TEM ではじめる質的研究——時間とプロセスを扱う研究をめざして』（編著，誠信書房，2009年）

◎ 鈴木直人（すずき なおと）
執筆担当：第2章
現職：同志社大学名誉教授
主要著作・論文：『生理心理学と精神生理学 第Ⅱ巻 応用』（共編，北大路書房，2017年），『心理学概論［第2版］』（監修，ナカニシヤ出版，2014年），『朝倉心理学講座10 感情心理学』（編集，朝倉書店，2007年），『感情心理学への招待——感情・情緒へのアプローチ』（共著，サイエンス社，2001年）

三浦麻子（みうら あさこ）
執筆担当：第3章
現職：大阪大学大学院人間科学研究科教授
主要著作・論文：Spread of risk information through microblogs: Twitter users with more mutual connections relay news that is more dreadful.（共著，*Japanese Psychological Research*, 2021年），『なるほど！ 心理学研究法』（北大路書房，2017年），『新装版 AMOS, EQS, CALIS によるグラフィカル多変量解析——目で見る共分散構造分析』（共著，現代数学社，2020年）

関口理久子（せきぐち りくこ）
執筆担当：第4章
現職：関西大学社会学部教授
主要著作・論文：『やさしい Excel で心理学実験』（共著，培風館，2011年），「感情調節尺度（Emotion Regulation Questionnaire）日本語版の作成」（共著，『感情心理学研究』，20, 2012年）

小島康生（こじま やすお）
執筆担当：第5章
現職：中京大学心理学部教授
主要著作・論文：『心理学概論』（分担執筆，ナカニシヤ出版，2016年），『発達科学ハンドブック4 発達の基盤——身体，認知，情動』（分担執筆，新曜社，2012年），『朝倉心

理学講座 3　発達心理学』（分担執筆，朝倉書店，2007 年）

川野 健治（かわの　けんじ）
執筆担当：第 6 章
現職：立命館大学総合心理学部教授
主要著作・論文：『発達科学ハンドブック 7　災害・危機と人間』（分担執筆，新曜社，2013 年），『物語りと共約幻想』（共編著，新曜社，2014 年），『ディスコミュニケーションの心理学——ズレを生きる私たち』（分担執筆，東大出版会，2011 年）

秋山　学（あきやま　まなぶ）
執筆担当：第 7 章
現職：神戸女子大学心理学部教授
主要著作・論文：『心理学概論［第 2 版］』（分担執筆，ナカニシヤ出版，2014 年），『新・消費者理解のための心理学』（分担執筆，福村出版，2012 年），『よくわかる産業・組織心理学』（分担執筆，ミネルヴァ書房，2007 年）

田中 芳幸（たなか　よしゆき）
執筆担当：第 8 章
現職：京都橘大学健康科学部教授
主要著作・論文：The role of "ikiiki: psychological liveliness" in the relationship between stressors and stress responses among Japanese university students.（*Japanese Psychological Research*, **58**, 2016 年），『認知心理学ハンドブック』（分担執筆，有斐閣，2013 年），『ストレスの科学と健康』（分担執筆，共立出版，2008 年），『知的障害者の健康管理マニュアル——身心ともに健康な成長・加齢のため』（分担執筆，診断と治癒社，2007 年）

渡邉 卓也（わたなべ　たくや）
執筆担当：第 9 章
現職：京都大学医学部附属病院倫理支援部副部長／特定講師
主要著作・論文：『文化心理学——理論・各論・方法論』（分担執筆，ちとせプレス，2019 年），『社会と向き合う心理学』（分担執筆，新曜社，2012 年）

目　次

第1章　心理調査の基本的考え方と歴史 —— 1

1　研究と調査，心理と社会，量的と質的 —— 2
心理調査とは　2
心理調査のあり方　4
心理学における研究と調査　6
学範関心駆動と社会関心駆動　9
宣言的知識と手続的知識　10
変数という考え方　10
量的方法と質的方法　12
調査対象としての心理と社会　14

2　心理学の展開　●心理調査の源流 —— 14
心理学の展開　14
心理調査の源流　16

3　心理調査の実践　●あるいはハルカの挑戦 —— 20
架空事例：ハルカの挑戦の心理調査的側面　20
架空事例から学ぶこと：ハルカの調査の発展可能性　25

4　日本心理学会の認定心理士（心理調査）について —— 27

第2章　心理統計の基礎 —— 29

1　なぜ，心理統計法が必要なのか —— 30
心理統計法とは　30
心理統計法のロジック　30
心理学の共通ルール：仮説演繹法　32

2　少数の部分でもって全体を推し量る —— 33
標本からの推定　33
分布上の位置から考える　36

3　集団の特性を推測，記述する　●記述統計 —— 37
サンプリングの重要性　37
統計的検定の考え方　38

4　危険率（有意水準）について —— 39
統計的検定の落とし穴：2つのエラー　39
危険率はなぜ5%なのか　40

- **5 仮説の検定** ─────────────────────────── 41
  - 2つ以上の母集団の特性の違いを比べる ─────── 41
  - 2つ以上の現象の関係を調べる ─────────────── 43
- **6 統計の使用上の注意** ─────────────────── 44

第3章 調　査 ─────────────────────── 47

- **1 調査で何ができるか** ─────────────────── 48
  - 調査とは　48
  - 調査でできること　49
  - 心理調査と社会調査　51
- **2 調査票の作成** ─────────────────────── 53
  - 調査計画の策定　53
  - 調査票作成時の留意点　53
- **3 対象者の選定** ─────────────────────── 58
- **4 信頼性と妥当性** ───────────────────── 59
  - 信　頼　性　60
  - 妥　当　性　61
- **5 より進んだ調査に向けて** ──────────────── 62
  - ネット調査　62
  - データアーカイブの利用　63
  - 追試研究・メタ分析　63

第4章 実　験 ─────────────────────── 67

- **1 心理学における実験** ─────────────────── 68
  - 実　験　と　は　68
  - 研究計画の流れ　68
  - 研究仮説の形成　69
  - 操作的定義　70
- **2 実験計画（デザイン）** ────────────────── 70
  - 独立変数と従属変数　70
  - 実験参加者の割り当て方　72
  - 1要因の実験計画　72
  - 多要因の実験計画　75
  - 単一事例実験　78
- **3 実験実施の準備** ───────────────────── 79

　　　　統　　制　79
　　　　測　　度　80
　　　　刺激の作成　81
　　　　課題の作成　81
　　　　心理実験における倫理　82
　4 実験の注意点──────────────────────────────83
　　　　実験者の注意点　83
　　　　統計的検定の注意点　83
　　　　再現可能性　84
　　　　結果の報告における注意点　85

第**5**章　観　　察　　　　　　　　　　　　　　　　　　　　　87
　1 観察法とは──────────────────────────────88
　　　　観察法の歴史　88
　　　　数量化を目指す観察　89
　　　　観察事態と観察者の立ち位置　89
　2 基本的な観察記録の方法と分析─────────────────────91
　　　　全生起行動記録法　91
　　　　時間見本法　92
　　　　事象見本法　96
　3 その他の観察手続き　●参加観察法──────────────────99
　4 洗練への工夫───────────────────────────102
　　　　さまざまな機器の利用　102
　　　　他の調査方法との併用　103

第**6**章　面　　接　　　　　　　　　　　　　　　　　　　　　107
　1 調査面接の特徴──────────────────────────108
　　　　調査面接とは何か　108
　　　　相　互　交　流　109
　　　　生活文脈の取り扱い　110
　2 調査面接の準備──────────────────────────113
　　　　調査面接の実施を決定する　113
　　　　調査面接の協力者を選定する　114
　　　　調査面接に必要な時間と費用を考える　116
　　　　インタビューガイドを作る　118
　3 調査面接の実施──────────────────────────120

         面接会場で　120
         質　　問　120
　　4　面接データの分析――――――――――――――――――――121
         記録とデータの編集作業　121
         データの分析　122

第7章　尺度構成　――――――――――――――――――125
　　1　尺度構成とは何か――――――――――――――――――126
         心理尺度と測定　126
         心理調査における尺度の重要性　126
　　2　尺度の性質　●測定のための4つの尺度―――――――――127
         名 義 尺 度　128
         順 序 尺 度　128
         間 隔 尺 度　129
         比 率 尺 度　130
　　3　知覚・感覚の測定と尺度構成――――――――――――――130
         精神物理学的尺度構成法　130
         間接尺度構成と直接尺度構成　131
         多次元尺度構成法　134
　　4　評定尺度を用いた尺度構成――――――――――――――――136
         リッカート尺度による心理尺度構成　136
         セマンティック・ディファレンシャル法による尺度構成　139

第8章　検　査　―――――――――――――――――――143
　　1　心理学における検査とは――――――――――――――――144
         は じ め に　144
         心理調査と心理検査　144
         心理査定と心理検査　146
         心理査定に関する理論モデル　147
　　2　さまざまな心理検査法――――――――――――――――――149
         心理検査の分類　149
         質 問 紙 法　150
         投 映 法　151
         作業検査法　152
         精神生理学的な方法への展望　154
　　3　心理検査の具体例―――――――――――――――――――155

質問紙法の一例：矢田部ギルフォード性格検査　155
　　　投映法の一例：文章完成テスト　155
　　　作業検査法の一例：内田クレペリン精神作業検査　158
　4　心理検査の科学性──────────────────────── 159
　　　心理検査の作成過程　159
　　　標　準　化　161

第9章　実践と倫理────────────────────165

1　心理調査の実践────────────────── 166
　　　倫理規範の重要性　166
　　　調査者の責務　167
　　　調査計画の客観的評価　168

2　インフォームド・コンセント────────── 169
　　　基本的な説明事項　169
　　　インフォームド・コンセントを受ける手続き　171
　　　ディセプション　171

3　個人情報と調査データの管理──────────── 172
　　　匿名化の方法　172
　　　保管と廃棄　174

4　結果報告の倫理──────────────────── 175
　　　公正な結果報告　175
　　　最　後　に　176

引用・参照文献　179
事 項 索 引　182
人 名 索 引　187

Episode	産婦を救った調査　●エビデンスの重要性	8
Episode	先入観をくつがえすフィールドワーク　●「お年玉」は誰にあげるもの？	13
Topic	学問の名称　●××学とは	16
Topic	調査データの質を高める　●ネット回答者の「不注意」や「手抜き」を見抜く	64
Episode	行動観察という体験　●サルの観察からQOLまで	104
Topic	アクティブインタビュー　●相互交流という視点	112
Topic	グループインタビュー　●情報源としての他者	115
Try	心理尺度の探し方と使い方	140
Topic	心理テストの罠　●「当たっている」と感じるのはなぜ？	163
Try	よりよい説明文書を考える	176

本書のコピー，スキャン，デジタル化等の無断複製は著作権法上での例外を除き禁じられています。本書を代行業者等の第三者に依頼してスキャンやデジタル化することは，たとえ個人や家庭内での利用でも著作権法違反です。

第1章
心理調査の基本的考え方と歴史

LEARNING OBJECTIVE

- ✓ 心理調査の基本的な考え方を理解する
- ✓ 心理調査の歴史を学ぶ
- ✓ 架空事例から，心理調査のあり方を学ぶ
- ✓ 資格としての心理調査のあり方を理解する

KEYWORD

心理調査　認定心理士（心理調査）　オープンクエスチョン　クローズドクエスチョン　宣言的知識　手続的知識　変数　従属変数　独立変数　ヴント　元良勇次郎　ホール　ゴルトン　相関関係　散布図　ピアソン　質的研究　フィールドワーク

1 研究と調査，心理と社会，量的と質的

心理調査とは

本書は，**心理調査**に関する概論書である。そこで，まず心理調査の定義から行っておく。

心理調査とは，「心理学研究法を用いて，社会生活上において調べる価値があることを調べ，その結果を読みとくこと」である。また，「その結果を用いて社会で活用すること」である。本書では，心理調査という独立した領域や技術があるというよりは，心理学研究法を学びそれを社会で活かせる人を**認定心理士（心理調査）**と位置づけることになる。

認定心理士（心理調査）とは，「調べなければいけないこと（すなわち問題）に対して適切な方法を（心理学研究法のなかから）選んで，調べて，結果をまとめて，報告することができる人」である。問題と聞くと，高校のころを思い出して，問題集に書いてある所与のもの（与えられたもの）だと思うかもしれない。しかし，大学や社会での「問題」とは解決する必要がある事柄のことをいい，予め答えはわかっていない。商品開発や営業のために顧客のニーズを調べる必要があるとき，調べるべき事柄のことを「問題」というのである。たとえば，顧客のニーズをつかまなければいけない，という問題を解決するには，ニーズを知るための調査が必要となる。これを心理調査と呼ぶ。

認定心理士（心理調査）とは，認定心理士のなかでも，データを扱い調査を行うことができる人材だということを認める資格である。従って，認定心理士（心理調査）の資格をもつ者は，特に心理調査を行うことが可能だと自覚し，またその力量がある者である。

調査といったとき，読者の皆さんの頭に浮かぶのは，アンケート調査，であろう。雑誌の読者アンケート，ホテルの宿泊後のアンケートなど，多数のアンケートがある。また，最近では，ネット上のアンケートというのも多数存在する。ちなみにアンケートは和製仏語であり，原語は enquête である。では，アンケートだけが調査なのかといえばそれも違う。アンケートは調査の一種ではあるが，それは狭い意味での調査にすぎない。さまざまな方法を駆使して調査するのが広い意味での調査なのである。

1 研究と調査，心理と社会，量的と質的

表 1-1 本書で扱う手法

第 3 章	調　　査
第 4 章	実　　験
第 5 章	観　　察
第 6 章	面　　接
第 7 章	尺度構成
第 8 章	検　　査

（注）　第 3 章はネット調査も含む。
第 2 章は心理統計法，第 9 章は
実践と倫理である。

　心理学においては，理論心理学や心理学史などを除けば，データを用いて問題について考察する（データサイエンスということも可能）というスタイルを取る。したがって，心理学の下部領域（認知心理学，発達心理学，社会心理学などのこと）においては，それがどのような領域であっても，データを取りそれを処理するための方法（心理学研究法）が開発されてきた。

　心理学研究法とは，学範（ディシプリン）としての心理学が，その研究を行うために開発してきた手法のすべてを指す。今ここで本書で取り上げる研究法を章とともにあげると表 1-1 のようになる。

　これらの研究法に習熟することが，社会に出たときに心理調査を行うための道だといえるだろう。研究法について習熟して，研究法を研究という狭い用途だけに用いるのではなく，興味あることを知るために利活用することが心理調査なのである。したがって心理調査の習熟には，心理学研究法の習熟が必須となるが，それと同時に，心理学研究法を状況に応じて使うことのできる柔軟な態度もまた必須となる。

　本書の各章ではこうした研究法を個別にとりあげて解説していく。また，第 2 章では統計法を，第 9 章では倫理をそれぞれ扱う。

　統計法は心理学の研究においてきわめて重要なデータ分析を支えるものであり，心理調査を行ううえでも重要な知識である。また，調査を行う際に必要な倫理的な考え方を身につけたうえで調査を行わなければ，社会からの信用を失ってしまい，社会で活躍することはできないから，倫理もまた重要である。

　なお，倫理と混同しがちな概念に不正がある。不正は，正しくないことであるから，白黒がハッキリするものであり，研究不正と研究費不正とに分けられ

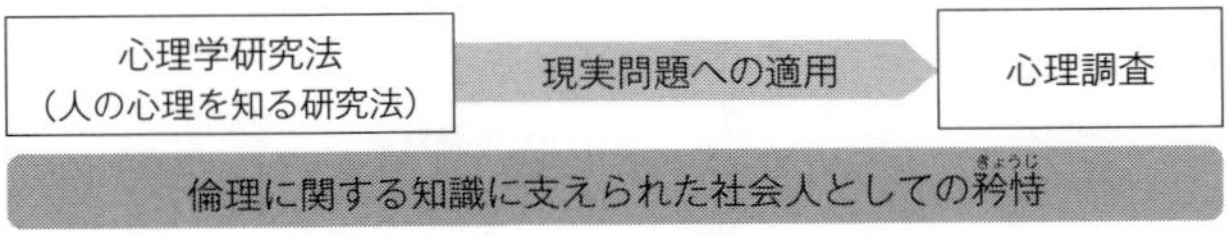

```
┌─────────────────┐                    ┌─────────┐
│  心理学研究法    │  現実問題への適用  │         │
│ (人の心理を知る  │ ─────────────→    │ 心理調査 │
│    研究法)      │                    │         │
└─────────────────┘                    └─────────┘
│  倫理に関する知識に支えられた社会人としての矜持(きょうじ) │
```

図 1-1　心理学研究法から心理調査へ

る。研究不正はデータの捏造(ねつぞう)など不適切なプロセスによる研究であり，研究費不正は研究費を研究目的以外に使用することである。これに対して，倫理は何が正しいか正しくないか，ということ自体を考えることである。正しいか正しくないかわからないなかで考えつつ調査を行うことが倫理的なあり方なのである。

　心理学を学んで卒業する学生や大学院生の皆さんの多くは，社会に出てから研究をすることが少ない。これは，理系の学生や大学院生たちが，会社などで研究や研究開発に携わるのとは少し異なっている。では，心理学を学んだ学生や大学院生にとって，授業で学んだことは，社会では役に立たないし不要なのだろうか？

心理調査のあり方

　心理学の研究法を学ぶこと，それを調査に活かすことの意義を考えてみよう。

　世の中には，アンケートと称してさまざまな調査が行われている。ネット社会になってからは，アンケートに答えることでポイントが付与される制度などが整備され，アンケートに接する人が増えていることも事実であろう。

　たとえば，こうしたアンケートでは，以下のような項目を見聞きすることが多い。

　　質問　以下の項目について「はい／いいえ」で回答してください。
　　　　「雨の日は，ゲームで遊んだり，本を読んだりする」

　このような項目を見て，「これはおかしな質問だ！」と思える人は心理学の研究法を学んだ効果があるといえる。「はいと答えた人が，ゲームをするのか本を読むのかわからない。だからあまり良くない質問だ」，と考えることができるのが心理学研究法を学んだ学生であろう。

　どのような質問をすれば，どのような回答を得ることができるのか，そして，

どのような調査結果を得ることができるのか，ということは訓練されなければ決して身につかない。そして，心理学専攻（やそれに類する専攻）においては，心理学研究法という名の授業でそうしたことを教授ならびに訓練しているのである[1]。

もう1つ，心理学研究法を学んだ人であれば，**オープンクエスチョン**と**クローズドクエスチョン**の違いに敏感かもしれない。そして，クローズドクエスチョンのほうが答えるほうは簡単だが，だからこそ，誘導されがちだ，ということも考えられるのが，心理学を学ぶ意義の1つなのである[2]。

大学の専門として心理学を学ぶ目的は，人の心理について研究することである。だがその目的を達するためには手法が必要である。心理学概論で研究の概要を教わり，基礎実験でレポートを書くために厳しく指導される，というのが心理学専攻生の日常だが，基礎実験は，方法を実践するための基礎である。また，研究法の授業が用意されていれば，その授業において心理学研究法の背景などについて学ぶことができる。

そして，習得した方法を用いて，自分なりに問題を設定した研究を行い，卒業論文を書き上げる[3]，というのが心理学の基本的訓練過程である。卒業論文は大学における学業生活の集大成である。そこで学んだことは将来，社会で役に立つはずである。ところが，これまでの日本の心理学教育は卒業論文を研究の基礎として位置づけていたとはいえ，社会を生き抜く力の基礎となるという意識は決して大きくなかった[4]。

4年間かけて身につけた心理学の研究法を社会で活かしてみようという精神が，心理調査の基本的なスタンスである。

---

1. もちろん，訓練されるだけでは不十分であり，学習者が主体的にその知識を内化することが重要である。やらされているからやっている，試験があるから一夜漬けで済ませる，というのではなく，社会に出たときにどのように使えるのか，を考えながら学ぶことが重要となるだろう。
2. オープンクエスチョンは，「あなたが見た人はどんな人でしたか」のように，ある事柄について自由に答えてもらう質問の仕方，それに対してクローズドクエスチョンは，「あなたが先ほど見た人はメガネをかけていましたか」のように「はい／いいえ」と答え方が限定されている質問の仕方である。
3. 認定心理士（心理調査）は卒業論文が必須ではないが，卒業論文に取り組むことを強く勧めている。また，連名よりは単名での執筆を勧めている。研究のプロセスを1人で体験することが，将来に役立つからである。

心理学における研究と調査

さて学問としての心理学には研究目的や研究対象の限定が，ゆるやかであるが存在する。こうした目的や対象を限定するという学問のあり方は，それ自体これまでの歴史においてぶれがあった。

たとえば，第2次世界大戦後の一時期の心理学のテキストには，「心理学は行動の科学である」と書かれたものが多かった。これは20世紀初頭のアメリカの心理学者ワトソン（J. B. Watson, 1878-1958）の行動主義宣言に影響を受けた定義であるが，21世紀の今こうした定義を掲げているテキストはほとんどない。行動は「心と行動」に置き換わっていることが多く，科学は狭義の自然科学だけを指すのではなく学問全体を指しているというのが今日の状況である。[5]

ちなみに「心と行動」を対象にするということは，意識や認知，さらには意味づけについても対象にするということであり，こうした対象を研究するために心理学者たちが使ってきたのが心理学研究法ということになる。なお，これらの研究法は，必ずしも心理学者が開発したものではない。現在も使われている方法のいくつかは物理学者が開発したものであったし，そもそも，近代心理学が成立する前の方法でもある（誰が開発したかではなく，誰が使っているかが重要なのである）。

では研究とは何だろうか。研究とは，どのような分野であっても，これまでとは異なる新しい知識を生産して人類・社会に貢献する営みである。新しい知識を生産する，ということは，これまでの知識について知っていなければならない。そうでないと何が新しいかがわからないからである。

Google Scholar[6] という検索ツールを使った人はそこに「巨人の肩の上に立つ」という文字が書かれていることを気づいているだろうか。英国版には"Stand on the shoulders of giants" と書かれている。これはニュートン（I. Newton, 1642-1727）[7]の言葉である。「自分が遠くを見ることができるとすれば，そ

---

4. これは心理学に限らず，日本の大学教育全般にいえることであるが，社会的有用性はかえって不純なものだと思われており，むしろ社会では直接役に立たないことが良いことだと考えられていた節がある。学部で研究を行うことは，その後の社会生活に役に立つという前提はあるものの，直接的な有用性はむしろ良くないものだと考えられていたのである。
5. 心理学は自然科学だという立場もあるが，一方で現在の日本における科学研究費の分類において心理学は「社会科学」のなかに入っていることもまた現実である。
6. 学術的な論文，出版物の全文やメタデータの検索ツールである。

れは巨人の肩の上に乗っているからだ」ということを述べたニュートンの言葉は，「自分がアタマがいいから良い研究ができたんだ」という独善的な態度ではなく，ニュートンほどの人でさえも，先行する知的営みに敬意を払っているということを知らしめるための言葉である。

　すでに述べたように，研究活動においては，これまでになされた知識生産（研究）のことを知る必要がある。これまでの成果を確かめたうえで必要なものは利用すればよいし，これまでに何がなされたかを知らなければ，自分がやっていることが新しいか古いかわからないからである。たとえば，考古学において，遺跡の発掘が行われることがある。趣味で発掘する人もいるだろう。ある発掘者が何かを掘り当て，「この遺跡で，こんな石器の破片を掘り出した」というような自慢することも可能である。しかし，それが，何時代のものなのか，これまでにまったく見られなかった新発見なのか，その新発見によって私たちの時代認識がどう変わるのか，などということはこれまでの研究の蓄積を知らなければ判断できない。そうした仕事は研究者の仕事となり，研究となる。

　この考古学の例ほど簡単に割り切れるものではないが，研究と調査の違いは以下のような違いだと思ってよい。調査は，何かを知りたくて調べる営みでありきわめて幅が広いものである。研究は，大げさにいえばこれまでの人類史上で確認されていない知識の探究であり，何が新しい知識であるかの確認や他者による承認も必要となる。したがって調査に比べれば研究は狭い活動である。

　ただし，研究と調査の境目は曖昧である。次の **Episode** でもわかる通り，類似の研究が有ったか無かったかを知らなくとも，さらには原因すらわからなくとも，調査によって有意義な結果を得ることができ，それが人々の生活に役立ったり学問のさらなる進展をもたらしたりする例は枚挙に暇がないのである。

　調査はある現象の原因を把握する必要がない，といえる。良くも悪くも表面的な理解で十分なのである。一方で研究は原理を探究するものであるから，原因の把握を目指すものであり，表面的な理解ではなく深い理解が必要となる。そして深い理解のためには理論的考察も必要となる。

---

7. 17世紀後半から18世紀にかけて活躍したイングランドの物理学者，数学者，自然哲学者。万有引力の法則の導入，微積分法の発明，光のスペクトル分析がニュートンの三大業績とされるが，これらはすべて25歳ころまでに達成された。まさに大天才であるが，彼は先人の業績があったからこそだ，と述べたのである。

第1章 心理調査の基本的考え方と歴史

> **Episode**
>
> ### 産婦を救った調査
> ●エビデンスの重要性
>
> 　19世紀の産科病棟における身近なエリアでの調査が，産婦の命を救うことにつながった例を見てみよう。
> 　その当時ウィーン総合病院には2つの産科があった。しかし，出産後の死亡率が違っているという問題があった。
> 　　第1産科　約3500名のうち600-800名が産褥熱で死亡（約20％）
> 　　第2産科　約3500名のうち60名が産褥熱で死亡（約2％）
> というようにほぼ10倍の違いがあった。第1産科では5名に1名が出産後に亡くなっているのである。産婦もまたこうした事実を知っており，誰もが第2産科で産みたがっていたし，第1産科に連れて行かれるのを拒もうとした。
> 　こうした状況のなか，ブダペスト出身の医師ゼンメルヴァイス（I. F. Semmelveis, 1818-1865）は2つの産科の違いを調査し始めた。すると，第1産科では医師と医学生が，第2産科は助産師が，産婦の世話をしているということがわかった。さらに調査を進めると，当時の医師は死後解剖を積極的に行っていることがわかった。医師たちは死亡例の解剖を行うことで新しい知識を得ようとしていたのである。そのことは責められることではないが，死後解剖の後に手を洗わずに，出産に臨む産婦に接することが多いことが確認できた。そこでゼンメルヴァイスは医師たちに塩素消毒を励行することを提案し，結果として1年間で死亡者を40名に減らすことができた。彼は観察を行い，産婦死亡の間接的原因を推論したのである。彼の調査は産婦の死亡の原因を明らかにしたものではなかったが，彼の調査にもとづく実践によって多くの産婦の命が救われたことはきわめて重要なことである。

　ここで，心理調査についてさらなる定義をする準備ができたといえる。心理調査は，原因へのアプローチにおいて研究ほどの精密さを追求することなく，私たちの「心と行動」について興味あることを調べる営みである。社会（官公庁，会社，家庭，大学院，研究所などを含む）においては，人間の心と行動について知る必要が生じるときがある。ある政治的事柄についての意見であるとか，パッケージデザインにおいてどのパッケージがどのような印象をもつのかなど，似たようなことを研究している人がすでに他にいたとしても，それはそれとして自分で実際に調べたいことというものが存在するのである。

何度も述べているように、アンケートだけが心理調査だというわけではない。ここで実験に近い領域の心理調査の例をあげてみよう。5つの飲み物を比べるということを考えてみる（日本酒の利き酒でもいいし、5種類の果物ジュースの比較でもいい）。自分のゼミの仲間たちがどの飲み物が好きなのか、ということは研究ではない。しかし、調査にはなりうるのである。大学生が夏に飲みたい果物ジュースは何か、というように問題設定を広げれば、飲料メーカーからは結果を知りたいと言ってくるかもしれない。

学範関心駆動と社会関心駆動

研究でも調査でも、知りたいこと（すなわち問題）が存在する。その問題の立て方が、研究と調査では少し異なる。一般に研究では、思いつきや目の前にあることを問題として扱うというよりは、学範（ディシプリン）における重要な関心事を問題として扱うことが一般的である。これを学範関心駆動型と呼ぶ。一方で、調査の場合には、会社や官公庁などで、その仕事の都合上、現状について知りたいということがある。こうしたテーマについて、研究者が研究していたかどうかを調べるのではなく、自分が知りたいテーマに即して方法を選択して調査を行うことになるのである。これは社会関心駆動型と呼ぶことができる。

ここで重要なことは、学範関心駆動型が優れていて社会関心駆動型は劣っている、というわけではないということである。実際、身の回りの疑問から調査を行い、それが優れた研究へと変貌していく例もある。調査に関しては、研究史や研究文脈を深く掘り下げることなく、自分の興味関心に対する解を得ることで十分だが、だからといって、それが普遍的な価値をもたないわけではないのである。

一方で研究は、普遍的価値を求めて先行研究に依拠しながら問いへの解を得ようとするが、得られたものが自分の求めるものではないということもありうる。そしてそれが無価値だというわけでもない。失敗も研究の重要な役割であり、失敗があるからこそ研究は進展するという側面もある。研究は短期的な視点で短期的な成果を求めるものではない。ノーベル賞級の業績であれば、そこに至る過程は失敗の積み重ねといっても過言ではない。失敗の先にある達成こそ、研究の醍醐味であろう。

宣言的知識と手続的知識

研究や調査に限らず，実生活のさまざまなジャンルで重要になるのが方法というものである。調理をしようと思っても道具と材料だけでは料理を作ることはできない。また，レシピがあってもレシピに書かれていることが実感をもってわかっていなければ良い調理をすることはできない。カレーの起源はインドである，というような知識のあり方を**宣言的知識**というのに対し，カレーの作り方に総動員される知識のあり方を**手続的知識**という。方法を知るということは，手続的知識を得るということである。そして，手続的知識を得ることができれば，今度は，さまざまな問題に対してその手続的知識を使うことができるようになるのである。同じ魚（材料）を使っても，その調理法によって異なる料理ができるし，さまざまな調理法を知ることが素材を活かすことにもつながる。したがって，調査法においても手続的知識はきわめて重要なのである。どのような方法によって自分が知りたいことがわかるのかということがわからなければ，じつは，調査をすることすら難しいのである。

ただし，手続的知識が重要だと言いながら，本書『心理調査の基礎』というテキストでは，どちらかというと宣言的知識の伝達が主であり，実際の手続的知識は実習系の科目で習得してもらうことになる。以下では調査をするにあたって，最も重要な概念（道具立て）の1つである「**変数**」ということについて説明し，次いで，量的研究と質的研究，心理調査と社会調査，ということについて解説していきたい。

変数という考え方

調査をするにあたっては，何かに注目をする必要がある。そして，その注目したことについて変数化する必要がある。変数とは，英語ではvariableであり，変わるもの，異なる値をとるものとして定義できる。[8] ジュースを飲んで「おいしいか，おいしくないか」は変数になりうるが，ジュースが液体かどうか，は変数になりえない。「おいしいか，おいしくないか」は0か1であり，その中間はないため，質的

---

8. 変数という考え方は，第2章でも説明されている。第1章は全体の概観であるため他の章と内容が重複するのは避けられないが，同じことが書かれているから読まなくてよい，と考えるのではなく，複数の視点からの変数の説明を読むことで思考を深めてほしい。他のことについても同様に，同じことを複数視点から考えることは何かを深く学ぶための最も重要なポイントの1つである。

な違いを表すものである。一方,「おいしさを 100 点満点でつけてみてください」と依頼して,70 点とか 35 点と答えたなら,そこには 0 か 1 かという違いではなく,グラデーション（連続的な変化）のある答え方になる。おいしさの 35 点の 2 倍が実際に 70 点なのかは一般に保証できないが,同じ個人内の評点であれば,異なる 2 つのジュース（パインジュースとバナナジュース）に 35 点と 70 点を与えたなら,70 点のジュースのほうが 2 倍程度おいしいと思っていることはわかるだろう。また,他人の 70 点と同じかどうかはさらに保証できないが,ある 2 名が 1 つのジュースをそれぞれ 20 点と 80 点と評価したのであれば,80 点と評価した人のほうがおいしいと思っているということがわかる[9]。なお,数字で表されたものがすべて量を表すかといえばそうではない。郵便番号や電話番号は,識別のために数字を用いてはいるが,それは数値ではない（自分の郵便番号と好きな人の郵便番号を四則演算しても何も生み出さないだろう。こうした心理尺度の問題は第 7 章参照）。

また,変数と変数の関係を考えることもできる。たとえば,ジュースは温度によっておいしくなったりするのか,という問題意識から調査することが可能にもなるのである。この場合,2 つの変数を,**従属変数**と**独立変数**とに分けて考えることになる。従属変数は結果変数ということもある,何かの結果として変動する変数である。その一方で独立変数は説明変数ということもあり,この変数が変動することによって従属変数が影響を受けるという関係にある。「独立変数 → 従属変数」という図式である。

心理調査においては,独立変数か従属変数を心理的な変数にするのが一般的であろう。

たとえば,商品の購買を従属変数にした場合（車を買うか買わないか）,独立変数を年収や学歴にすれば,それは心理調査とはいえない。むしろ社会調査であろう。独立変数として,内向性／外向性などの性格変数を組み込んだり,嗜好について尋ねるのであれば心理調査となりえる。

以上をまとめると,変数を 1 つしか用いない調査をすることもできるし,2

---

[9]. 数字で表されたものに対して四則演算が可能かどうかというのは非常に難しい問題をはらんでいるが,一般に心理調査においては,数字で表されたものについて四則演算を適用することは慣用としてよく行われている。

つ以上の変数を設定してその関係を見ることもできるのが心理調査であり，変数が1つのときは，嗜好などの心理変数が対象となる。変数が2つ以上のときには，どれかに性格の個人差など心理変数が組み込まれる必要がある。

量的方法と質的方法

ジュースのおいしさを規定するものは何か？ 材料や温度や味つけなどさまざまな要因が絡むだろう。また，過去の思い出がおいしさを規定する場合もある。

量的な方法では，こうした1つひとつの変数化を行い，おいしさの要因を探る調査になる。単純な例をあげれば，温度とおいしさの関係である。ジュースの温度を，0〜20℃の1℃くぎりで提供して，おいしさを10段階で答えてもらう，というような調査がそれにあたる。おそらく，多くの人がおいしいと感じる最適温度がわかるだろう。

ところで，人はそれぞれの人生を生きており，それまでの人生で特別な経験をしたことで，あるジュースが好きになるということがあるかもしれない。人生で一番感激したジュース経験のようなことを知りたいときには，こちらで質問を用意してもなかなかうまく聞き出すことができない。そのような場合には，質的方法の出番である。つまり，面接などを行い，ある程度自由にこちらの質問に答えてもらう，というような方法が有効になる。

質的な調査方法では，あらかじめ決められた質問を用意して回答を求めるのではなく，観察を繰り返したり，面接内容の解釈を何度もやりなおしたりすることが特徴である。この章で先ほど例としてあげた「5つのジュース」について考えてみると，「どのジュースがおいしいですか」と尋ねるのは，調査者の側が，「おいしいかどうかを知りたい」という興味の反映である。これに対して，5つのジュースについて感想を聞かせてください，というような聞き方をしたり，場合によっては，ジュースについて人生であった出来事を教えてください，というような聞き方をして，特定の個人とジュースの関係をさまざまな角度から考えることができるのが，質的方法の特徴となる。また，飲んでいるときの表情などを観察することで得られることもあるかもしれない。

Episode

先入観をくつがえすフィールドワーク
● 「お年玉」は誰にあげるもの？

筆者がかつて，日中韓越の4カ国でお小遣いの研究（高橋・山本，2016）をしていたときのことである。子どもが入手できるお金というのは，お小遣いのほか，お年玉というのがある。では，お小遣いやお年玉は誰からもらうのだろうか。

こうした問題を検討するには，

　お年玉は誰からもらいますか？
　今年のお正月に実際にくれた人に○をしてください。
　1. 父，2. 母，3. 祖母，……

のように項目を列挙していくのが普通である。父親の会社の同僚とか，近所の人，といった項目を用意して，誰からもらうことが多いのかを比較することになる。

しかし，ヴェトナムでフィールドワークをしていたところ，友達からもらった，という回答があった。子どもたちが買い物をしている店に出かけていって，インタビューしているときにわかったことであった。このことを日本人の共同研究者に報告しても，すぐには信じてもらえなかったが，繰り返しいろいろな子どもたちに確かめたところ，たしかにヴェトナムでは子どもどうしでお年玉をあげあっていたことが確認できた。

考えてみれば，お年玉の意味は，今年1年良い年であるように，ということであるから，大人から子どもへという方向だけに限定されるものではない。日本では，お年玉の平均額が調査され，1人数万円，などという結果が出されるものだから，大人から子どもへというのが暗黙のうちに常識化してしまっているのである。そもそもお金の額が多いか少ないかは問題ではないはずであり，友達どうしでのお年玉交換こそがお年玉の本当の意味に近いのかもしれないのだ。今年も1年，無事に暮らせますように，お互いに楽しく暮らしましょうね，という思いが大事なのである。

質問をあらかじめ設定したアンケートではわからないことが，フィールドワークでわかることがある。あらかじめ質問が設定された項目による結果があってもすべてを見ていることにはならない。研究者がもっている先入観の反映にすぎない可能性についても考える必要がある。

第 1 章 心理調査の基本的考え方と歴史

調査対象としての心理と社会

以上のように調査には量的方法と質的方法という大きな違いがあり，それは主に回答の得られ方の違い，得られた結果の解釈プロセスの違いである。以下では，心理（調査）と社会（調査）の違いについて考えておこう。

心理（調査）は個人の心理が対象であり，社会（調査）は個人が属している社会のあり方を対象にする。簡単にいえば，両者は調査の目的となる対象が異なっている。たとえば，東日本大震災の後の原発事故により，自主避難をした人たちがいる。この人たちの話を聞いて，個人の気持ちやストレスに関心をもつのか，自主避難をするような社会状況に関心をもつのかによって，自ずと調査のやり方や解釈は異なってくるのである。

世論調査は，ある問題に対する個人の意見や意識を聞くものであるが，そこで問題になるのは個々人の考え方ではなく，社会的意見としての世論である。どのような世論調査があるのか，については内閣府のホームページ（http://survey.gov-online.go.jp/index.html）を参照されたい。

心理調査における心理とは，一般に，人の意識や行動のことを指す。また，嗜好や無意識などを含むこともある。また，心理学が学問として開発してきた方法を調査に用いた場合に心理調査と呼ぶ，というような定義をすることもできるだろう。

こうした定義には，心理学の歴史，特に心理学の方法の歴史も深く関わっている。以下では心理学の歴史について，特に研究法にフォーカスをあてて見ていこう。

2 心理学の展開：心理調査の源流

心理学の展開

心理学という学問の対象は「心」であるが，ドイツのヴント（W. M. Wundt, 1832-1920）が，19 世紀のなかば以降に近代心理学を成立させるまでは「魂」がその研究対象であった。魂の研究のためは必ずしもデータを取って分析して考察する必要がなく，聖書やその他の文献を読むことで魂のあり方を論じていたのが近世の心理学であった。西洋では，キリスト教的世界観が綻び始めるのと同時に自然科学という考え方

W. M. ヴント　　　　　　　　元良勇次郎

図 1-2　ヴントと元良勇次郎：心理学の先駆者

が勃興した。聖書を読むことによって世界を理解するのではなく，データを取って実証的に世界を理解しようというのが自然科学の考え方の基本であり，物理学や天文学からこうした認識の変化が起きた。そして，心の問題も科学的に扱うべきだという考え方が現れた。そもそもデータ（data）という語は材料，資料，論拠を示す言葉である datum の複数形である。データは事実そのものではなく，事実を理解し理論を作るための資料という意味合いなのである。

　19 世紀の中ごろ，さまざまな人々の努力により，心理学を学範として成立させる地ならしが行われたが，最も貢献したのがフェヒナー（G. T. Fechner, 1801-1887）による精神物理学（Psychophysics）という体系である。フェヒナーはさまざまな工夫をこらして，心のあり方を実験的に捉えようと考えた。そして，それがヴントなどの近代心理学への志向を後押ししたのである。ヴントは 1879 年にライプツィヒ大学内に公的な心理学実験室を設立した。学生の教育を行い，多くの博士号取得者を輩出して心理学という新しい学問を広げることに尽力したのである。望遠鏡や顕微鏡が科学を変えたように，研究方法の革新が学問を新しくするというのは珍しいことではない。

　なお，日本では明治維新後に他の学問同様，心理学が海外から取り入れられた。最初の心理学者として名高いのが元良勇次郎（1858-1912）である。彼はアメリカのホール（G. S. Hall, 1844-1924）のもとで心理学を学び，帰国後は帝国大学（現在の東京大学）で，唯一の心理学担当教授として心理学の教育と研究に尽くした。1912（大正元）年に亡くなるまで，多くの弟子を育てた。

第 1 章　心理調査の基本的考え方と歴史

> **Topic**
>
> ### 学問の名称
> ● ××学とは
>
> 　学問の名称はわかりにくい。学問の名称は単純なものと複雑なものがある。心理学，物理学，経済学，などは，それが何であるかは別として，わかりやすい。一方，社会心理学という名前を見ると，心理学なのか社会学なのか疑問に思うだろう。
>
> 　ここで参考にしたいのが料理の名前である。サンマの刺身とサンマの塩焼きを比べれば，どちらもサンマが調理対象であることがわかる。そして，刺身と塩焼きは調理方法の違いだということもわかるだろう。
>
> 　学問の名称もほぼ同じである。社会心理学の場合は，先に来る「社会」が対象で後の「心理学」の方法で捌くということなのである。
>
> 　家族社会学と家族心理学では，対象は「家族」で一緒だが，社会学的な方法でアプローチするか，心理学的な方法でアプローチするか，が異なるのである。学範（ディシプリン）を修めるということは，その内容だけでなく方法を習得することなのである。

心理調査の源流

　心理調査の源流をいくつか見てみたい。ここで心理調査とは本章の冒頭で述べたような意味であり狭い意味での研究（学範（ディシプリン）関心主導型）に当てはまらない活動の源流という意味である。

　以下ではドイツのウェーバー（E. H. Weber, 1795-1878）とフェヒナー，イギリスの**ゴルトン**（F. Galton, 1822-1911）とアメリカのキャテル（J. M. Cattell, 1860-1944）およびホール，フランスのビネー（A. Binet, 1857-1911），そして最後に日本の元良勇次郎の活動を取り上げることにする。この5名はすべて，近代心理学が成立する前後に活躍した人々であり，彼らの活動が学範としての心理学を形成していくことになった。彼らの活動が心理学の研究法を整備したがゆえに心理学が学範として成立し，社会からの承認を得ることができた。そして私たちは先人たちが整備した研究法を心理調査の手法として用いていくことになるからである。

　19世紀中ごろに活躍したドイツの感覚生理学者のウェーバーは，重さなどの感覚の違いについて行った研究に関心をもった。ある重さの錘があるとして，

それと違う重さだと感じるのはどのくらいの差があるのだろうか，というのがウェーバーの扱った問題であった。彼は錘の重さの弁別が絶対的な差ではなく，相対的なものであることを見出した。

　錘の重さ 40g のときの弁別閾（第 7 章第 3 節参照）が 1g であれば，200g のときは 5g となる。これを数式で表すならば，

$$1g / 40g = 5g / 200g = 一定$$

という式で表すことができる。

　上式の左辺は 40g の錘であれば 41g の錘（おもり）との重さの差異を感じることができることを示している。つまり，1g の違いであれば差異として感じられるのであり，この値のことを丁度可知差異（just notifiable difference; JND）と呼ぶことがある（第 7 章 3 節参照）。40g の錘に対する丁度可知差異の値は 1g である。ところが，右辺に示されているように，200g の錘であれば，1g では重さの違いを感じることはできず，5g の差が必要となる（丁度可知差異の値は 5g）。重さの絶対値ではなく，相対的な比が重要だと示したのがウェーバーの貢献である。

　フェヒナーはウェーバーの着想を発展させ，感覚や知覚が「ない」から「ある」に変化するまでの状態を研究し，フェヒナーの法則を導き出した。[10] さらに，重さ以外の感覚・知覚にも適用範囲を広げ，丁度可知差異を検討するための実験方法を体系化した。それらの方法のうち，調整法と呼ばれる方法を見てみよう。

　課題は，三角形の大きさの違いはどれくらいの違いで検知できるか，ということであるとする。まず，実験者が参加者に対して 1 つの三角形を呈示する。そして，かなり小さい三角形から少しずつ大きさを変えた三角形を呈示して，どこで同じに見えるかを尋ねる。次に，かなり大きな三角形から少しずつ小さくした三角形を呈示して，どこで同じに見えるかを尋ねる。そのような手続きを繰り返すと，最初の三角形と同じ大きさの三角形の範囲がわかる，つまり，どれくらい違えば大きさが違うと感じられるかがわかるのである。

　こういうことは何の役に立つのだろうか？

---

10. 音の例を出すと，音は物理刺激であるから量的に変化する。このことはボリュームのコントロールのことを考えれば納得できる。ところが，音が聞こえるかどうかは，0 か 1 かの判断である。聞こえるまでにも音は出ているにもかかわらず，聞こえるまでは聞こえない。こうした物理刺激と心理の関係を表したのがフェヒナーの法則である。

たとえば、お菓子メーカーなどで「今だけ増量××％」などのキャンペーンをするときがある。そのときに、たとえば「5％増量」としたら人々の心に刺さるだろうか。おそらくあまりピンとこないだろう。では、何％増量なら、人に「お得感」をもってもらえるのだろうか。こうした問いに答えるには、先ほどの調整法などを用いることが重要なのである[11]。

また、大きさの見栄えも問題になる場合がある。大きく見えるような違いを見せなければいけないのである。そして、それはもとのお菓子の大きさにもよる。買い手に「増量された」と気づいてもらえるくらいの違いを出すにはどうすればいいか、それに対して自信をもって回答するためには、こうした実験が必要になるのであり、それは社会に出てからの一種の心理調査にほかならないのである。

ゴルトンは19世紀中ごろ以降にイギリスで活躍した学者である。彼は大学の研究職には就いていなかったうえ、さまざまな興味関心をもっていたので「○○学者」のように限定できる人物ではない。しかし、さまざまな統計手法の開発に携わったので統計学者と呼ぶことは可能かもしれない。死の直前に自らの遺産を寄贈して大学（University College London）に優生学などの教授職を設立した。

1884年にロンドンで行われた万国衛生博覧会においてゴルトンは、人間についてさまざまな測定を行う機械を製作し、有料で多くの人を測定して大量のデータを得ることに成功した。すなわち彼は来場者を対象に、身長、体重といった身体的データを測定し、それらに加えて感覚の鋭敏度のような心理的変数も測定した。また、こうしたデータを親子のペアで得ることに成功した。

こうして手に入れた莫大な量の変数データから、たとえば2つの変数の関係を見るときには、変数どうしの共変動に着目すべきだと考えて、**相関関係**という概念を明確化することにたどり着いた。また、彼は現在の2変数の**散布図**も考案した（第**2**章参照）。この相関という概念はゴルトンの弟子の**ピアソン**（K. Pearson, 1857-1936）によって相関係数という表現法を得ることになった（相関係数は相関関係を数値化したものである。第**2**章も参照）。前述のようにジュースの温

---

11. 逆に、少しの差なら小さく感じないという演出も可能であるが、認定心理士（心理調査）は、利益優先の演出を主導するのではなく、そのようなことがあった場合に良心にもとづいて行動する必要がある。

度とおいしさの関係などを数値として示すことが可能になるが，相関係数は直線的関係を示す数値であるため，自分で散布図を書くなどして2つの変数の関係を確かめてから相関係数を求める必要がある。

19世紀末ごろ，アメリカの心理学者も調査を行っていた。キャテルは，アメリカからドイツのヴントのもとに留学し，近代心理学の基本的な考え方をアメリカに持ち帰り，心理学をアメリカに定着させることに力を注いだ。彼は，日常における観察がいかに心許ないか，ということを，実証的に定量的に示して学術誌 Science に発表した（Cattell, 1895）。

具体的には，1週間前の天気を尋ねるなど，きわめて簡単な事実確認の実験でしかなかったが，日常的な記憶と想起の曖昧さを明確に示したため大きなインパクトをもった。

この実験の特徴は以下の点にある。

① 実験者が正答を知っているからこそ，参加者の回答が正確かどうか知ることができた。
② 多くの参加者に実験をしたからこそ，不正確な人の割合を定量的に示すことができた。
③ 誰でも類似の実験を行い，実験結果の確かさを確かめることができた。

この他，アメリカの心理学者ホールは，心理学者や教師や親などに対してその立場や観察場所に応じた子どもの様子を報告することを求めるようになった。これが児童研究運動（child study movement）である。1893年にアメリカで始まった運動は日本を含む世界に広がった。ホールのとった方法は，子どもの状態を親の報告によって捉えるという意味で間接的なものでしかなかったが，ここで重要なのは事実にもとづく報告を求めたことである。

ホールの影響を受けてフランスに設置された「児童心理学研究のための自由協会」に参加したのが知能検査を開発したビネーであった。フランスの心理学者ビネーは，自分の娘の成長に伴う観察をもとに，子どもの知能が年齢によって変化することに気づき，年齢を基準にした知能の発達に関心をもった。ビネーは知能とは，注意力，理解力，判断力，推理などの総体のことを指すものだと考えており，30項目を用意して，子どもの知能の様子を把握する知能検査を提案した。彼の検査が「検査」と呼ばれるのは，この検査の結果によって，子どもを正常と遅滞に分けてその処遇を変えることを目的にしたものだったか

らである。何が正常で何が遅滞かを定義するのは難しいが，ビネーは年相応の発達を正常と見なして，検査を提案したのである。この検査を正常かどうかの判定ではなく心理調査に使うことは，もちろん可能である。

　日本における心理調査の起源は元良勇次郎が行った活動にさかのぼることができる。前述のように元良勇次郎は日本に心理学を導入した最初の心理学者である。その元良は 1891（明治 24）年 2 月から，全国の師範学校[12]，小学校を対象に「倫理問題教授法」「人民の倫理思想」について質問紙を配布・回収するなど，現在の心理調査の先駆けとなる活動をしていた。また，日本の児童研究運動の中心人物として我が子の観察を行っていた。この児童研究運動はアメリカの心理学者ホールが提案したものが世界中に広まったものであり，教師や父母が決まったフォーマットを用いて子どもの様子を観察・記録・報告することで，子どもの実態を理解しようとする運動であった。

3　心理調査の実践：あるいはハルカの挑戦

架空事例：ハルカの挑戦の心理調査的側面

　さて，これまでに書かれていたことから，心理学の研究法を社会において「知りたいこと」のために活用することが心理調査であることは理解できたと思う。

　以下ではある女性を主人公にしたフィクションによって，認定心理士（心理調査）のあり方を理解していこう。

　このストーリーは心理学を学んで卒業したある女性が職場で心理調査をしようと試みたというものである。ただし，業界を含め多くの脚色を行っている。飲食業界を舞台に設定しているが，実際の例ではないことに留意されたい。

　ハルカは A 大学（当然ながら実在の人物・団体とは関係ありません）心理学専攻を卒業して 10 年目。飲食業界に籍を置いている。ビジネスとしての飲食業は，色々な層の顧客に対してそれぞれにチェーン店のブランドを展開して，それぞれの層の顧客に対して「お値打ち」なメニューを出して喜んでもらうというこ

---

12. 教師を養成する学校で，現在だと教育学部その他の教員養成課程にあたる。

とである。食事については，高くておいしいのは当たり前であり，本当に大事なときには出費を惜しまない人は多い。しかし，普段の生活では，「値段のわりに良かった！」という店に行きたくなるのが当然であるから，飲食業界はあの手この手で知恵をしぼり，お値打ち感のある良いものを提供しようと取り組んでいる。

そのチェーン店ブランドの1つに「和食レストランA」がある。和食をコンセプトにして，良い食材をお手頃な値段で提供していることで人気が上がっている。

しかし，その「和食レストランA」において困った問題が起きている。顧客アンケートを見ると「日本語がわからないウェイトレスがいる」という不満が顕在化しつつあるのである。

そう，この「和食レストランA」では，和をコンセプトにしつつも，多くの外国人店員にフロアサービスを任せているのであった。良質の食材を安価で提供することで食事そのものをお手頃値段で提供することは間違っていないのだろうが，日本語が通じにくい，というのは顧客にとってはやはり居心地が良くないようである。実際ハルカがマネージャとして見ていても，外国人店員に対しては日本人客も戸惑っているのがわかるときもある。

これに対して会社の対応は「日本語研修をする」の一辺倒であった。日本語に対するクレームなのだから，日本語を強化すれば良いのだ，ということである。これはもちろん，間違いではなく，方策の1つだが，それだけなのか？とハルカは疑問をもった。他にやり方があるのではないか，あるいはお客さんのクレームの原因は日本語の問題以外にもあるのではないか，と考えたのである。

そのとき，頭に浮かんだのは大学時代にゼミで習った**質的研究**および**フィールドワーク**である。顧客のアンケートが大事ではないとはいわないが，現場で何が起きているのか，それを見るのも重要ではないだろうか。実際に現場で何が起きているか見てみよう，と思ったのである。

とはいえ，マネージャーである自分がフィールドワークできるのだろうか？上司に相談してみた。幸いなことに上司も理解を示してくれた。上司自身も，これまでの日本語研修が効果を上げているわけではないことも，うっすらわかっていたのである。そこで，現場で働く人たちにも事情説明をしてフィールド

ワークを敢行した。何も言わずにこっそりやることは倫理的にどうかと思ったのである。

ここでフィールドワークとは,「フィールドでワークすること」である。現場は,居酒屋とレストランを足して2で割ったような店である。現場でできることを何でもやる,という意味では,恥知らずの折衷主義[13]（佐藤, 2006）を志向した調査になる。

ハルカはそこで何回か参与観察を行った。仕事をしながらつねに観察するわけにはいかないので,時間を決めて,「5分観察－5分記述」のセッションを2回行う。しばらく仕事に集中してもらい,また「5分観察－5分記述」のセッションを2回行う。こうした形式で何日かにわたって観察を行った（休日と平日の両方行った）。

また,働いている外国人店員たちにも言い分を聞いてみた。なぜ日本に来たのか,今の状態はどうか,将来にどういう展望をもっているかなどを聞いてみたのである。会社への不満を言うことになるから,店員の方々の口は重くなりがちであったが,それでもマネージャーとしての熱意を前面に押し出して協力してもらった。

その結果,調査を始める前には思いもしなかったことがわかった。

この店では,ビールサーバーが客のニーズに比べて少ないのであった。また,高級感を出すためにきわめて丁寧にビールを注いでいたし,研修を受けて資格をもっている人しか注ぐことができなかったのである。「××ビール研修修了証」のようなものを持っている人の名前は,店のなかに写真つきで飾られている。

サーバーの数も,注ぐ人の数も限られているのであれば,ビールを提供する時間がかかるのは当たり前。

こうした事情が重なった結果,客からすればビールが出てくるのがかなり遅

---

13. 恥知らずの折衷主義（shameless eclecticism）というフレーズは佐藤郁哉がその師匠であるシカゴ大学のサトルズ（G. D. Suttles；シカゴ学派で都市エスノグラファー）の言葉を受け継いだものである。使える資料,手法はなんでも用いて,現場を分厚く記述するという意味では人類学者のギアツ（C. Geertz, 1926-2006）のいうところの「分厚い記述（thick description）」とも通じるものとなる。

いと感じられるのであった。ビール（特に最初の1杯など）は，すぐに飲みたいというのが客の心理であろうが，そんなことはおかまいなしに，資格取得者のみが数少ないサーバーで丁寧にビールを注ぐのであるから，どうしてもビールが出るのが遅くなる。客からすれば，「やはり言葉が通じていないのではないか？」と思いがちとなる。

　しびれを切らしたお客さんは，日本人店員をつかまえて注文の確認をすることになる。「私の生ビールの注文通ってますか？」と尋ねるのだ。そして日本人店員が様子を見に行った頃に，ようやく最初の注文が注文通りの形で生ビールがくる。お客からすれば，「日本人に頼んだらすぐビールが来た！」ということになってしまうのである。このときハルカは，10年ほど前の社会心理学の授業で聞いた「基本的帰属の錯誤」という言葉を思い出した。私たちは他人の行動の原因を内的な何かに帰属させてしまう，ということである。お客さんは，「ビールが出てこない」ことの理由を「店員の日本語能力」という内的なものに帰属させていたのかもしれない。

　さてこの問題は，単にお客さんが勘違いするというだけではなく，お客さんの「ビールを飲みたい欲求（これは学問用語ではない）」に応えていない，つまり，商品提供機会を逸しているという意味でも大きな問題である（客単価上昇機会の逸失）。つまり，言語の問題ではなく，生ビール提供の方法を工夫すべきなのであるかもしれないのである。日本語研修より，ビール提供研修をすれば良いのかもしれない。さらに発想を飛躍させれば，「最初の乾杯は，瓶ビール（もしくはウーロン茶）サービス」のような設定をすれば，お客さんも店も皆が笑顔になれるかもしれないのである。

　一方で，言語の問題ももちろんあった。「終電，何時ですか？」のような表現は日本語表現としては適切で，日本人どうしであれば「どこ行きに乗りますか？」という質問を返したうえで行き先ごとに「今日は平日ですからだいたい××時ころです」というような回答がすぐに返ってくる。

　つまり「終電何時ですか？」という質問は，「この店の最寄り駅から，私が××へ帰るために乗る最後の電車の時刻を何時何分という形で教えてください」ということにほかならない。その人がどの駅で降りるかによって異なる答えが必要となるという意味でかなり難しい質問なのである。このような，定型的であっても個別ニーズの高い質問はいくつか存在する。そうだとしたら，

「終電は？」と言われたら，行き先別終電時間表のようなものを差し出すようにしたらいいのである。この場合，誰が何語で喋るかではなく，正確な情報が知りたいのであるから，表を見て自分で確かめれば，お客さんも十分に満足できるはずである。

　ハルカは，挨拶から入る店員が少ないことも気になった。いきなり注文を取るのでは，いかにも愛想がないので，お客さんは戸惑ってしまう。そして，「こんにちは」とか「どちらからいらっしゃいましたか？」などという挨拶から入る店員の評判は決して悪くないということもわかってきた。言葉の問題というよりも，礼儀の問題なのかもしれないということもわかってきたのである。

　店員へのインタビューの結果も，驚くべきものであった。

　外国人店員は日本に来る前も母国や他の国で類似の仕事をしていたことが多い。そこでは「チップ」があり，それが収入の一部として生活を支えていたのである。日本での給料も決して悪いものではないが，日本は物価が高いし，なにより，固定給料制というのは，あまり働きがいのないものなのである。お客さんとのやりとりのなかで，チップという事後的かつ即時的な報酬をもらえることは，額の多寡(たか)以上に店員のやる気に影響しているようなのであった。これは心理学で習った「オペラント条件づけの原理」と関係するかな，とハルカは感じた。

　お客からすれば，チップを渡すことなどまったく想定外であろう。日本にある和食店で，店員が外国人だからといってチップを渡すなどということに考えが至るはずもない。

　ハルカが感じた挨拶がない店員がいるという問題意識についても，店員側からすれば言い分があった。自分たちの仕事は注文を取ることなのだから，それをしっかりやれば良い，挨拶などは不要だと考えているようだったのだ。

　このようにしてハルカは，クレームアンケートに書かれた結果以上のことを現場から見出すことができた。これらをどのように活かすのかは心理学専攻卒業生マネージャーとしてのハルカの腕の見せ所である。たとえば，チップをお願いする紙を貼る日を一度設定してみて，その効果を見てみるという「擬似実験状況」を作ってみてもいいかもしれない。

　あるいは，注文を取った分だけボーナスポイントがつくシステムを導入する

ということを店のなかだけでやってみてもいいかもしれない。ボーナスポイントがたまれば給料に反映させるなど，いろいろ工夫することが可能である。ノルマ制だとノルマに達しないときに罰が与えられるが，罰は人を育てないというスキナー（B. F. Skinner, 1904-1990）の主張もハルカは思い出した。

　言語については，日本語を教えるだけではなく，挨拶から入ることを教える，正確さが求められる定型質問には回答を店が用意しておく，などの対応が必要であることもわかってきた。いくら日本語を学習しても，挨拶がコミュニケーションとして重要ということがわからなければ，顧客の満足度は決して高くならないであろう。

架空事例から学ぶこと：ハルカの調査の発展可能性

調査の結論は以下のようなことになった。
顧客の不満「従業員が日本語ができない！」というクレームは日本語ができないという問題だけではなく複合的な問題であった。

　すなわち，以下の問題点

① 店の状況（ファシリティー）の問題点
② 日本語が問題になっている問題点
③ 文化摩擦的問題点（チップという習慣，店員のやるべき仕事の理解）
④ その他の問題点（客の期待とスタッフの思いとのズレなど）

が複合したものであり，語学力の問題だけに還元できないのである。

　こうした具体的な成果とは別次元で，ハルカは自ら現場で調査したことによってわかったことがある。「日本語ができない従業員が多い」というアンケートのクレームを鵜呑みにしてはいけないという，いわばメタ的な知識である。

　また，フィールドワークを行うことは，結果的にマネージャーが現場で働く多くの人と接することになったため，風通しが良くなった。

　では，ハルカは，取り組んだ問題「飲食業界における，外国人店員への顧客の不満（これ自体がフィクションであることに留意されたい）」に対してどのような方法論を動員していたのか，それを整理してみたい。

① 会社が行ったアンケートの読み取り
② 現場でのインタビューと観察
③ （やるとすれば）何が有効であるかを知るために条件を設定した実験

第1章　心理調査の基本的考え方と歴史

④　現場の実感を裏づける心理学的知識（基本的帰属の錯誤など）

「これは大学で，自分や友達がやったことではないか！」とハルカは改めて気づいたのである。そして「心理学は（大学でやっているときはわからなかったけれど）意外に役に立つ！」と思ったのである。

さらに，従業員が求めていたことはなんだろうか，と整理したら「待遇改善・やりがい」ということになった。一方，顧客が求めていたことは，「普通のコミュニケーション」ということであった。挨拶をする，頼んだモノがそれなりにすぐ出てくる，ということを求めているにすぎないのであった。

さて，このレポートを『心理学研究』ほか心理学関係の学術誌に投稿できるだろうか？といえば，それはまず無理であろう。調査によって必要なことはわかったが，それは研究ではないからである。では研究とはどのような営みなのだろうか。

ハルカは母校の心理学の先生たちが，研究は"something new"だと言っていたことを思い出した。Google Scholar という学術専用の検索サイトに「巨人の肩の上に立つ」という語を引用してそんなことを言っていた。そもそもこの言葉はニュートンの言葉らしい（6ページ参照）。ニュートンは友人のフック（R. Hooke, 1635-1703；弾性の法則＝フックの法則で知られる科学者）に宛てた手紙のなかで，「私が遠くを見渡せたとするなら，巨人の肩の上に乗っていたからです」と書いたという。つまり，先人の知恵の上に立つから新しいことができた，ということなのである。研究活動には，先人の知恵の学習が必須であり，その文脈に自分の研究を位置づけることが重要になる。調査という営みと研究という営みの違いはそうしたところにあるだろう。

今回のハルカの取り組みについて，たとえば，経験経済という語と関連づけることが可能になる。スターバックスが，単にコーヒーを提供しているのではなく，「スタバでコーヒーを飲む経験」を提供していると分析する際には，経験経済という新しい分野が対応する。こうした学問的な蓄積に対して自分が行った調査をしっかりと位置づけることがなければ，ハルカの調査は研究にはならないだろう。

ところで，研究経験のほとんどないハルカがこの調査経験をもとに，大学院に入学することはできるだろうか。

入学試験を受けること自体は大学院側から歓迎されるだろう。ただし大学院

入学試験の面接においては「現場の調査としては面白いね！でも，研究として続けるなら，関連する分野の論文を読みなさい。そして，先行研究を見つけるべきだね。方法も洗練させないと」とか，「研究倫理も勉強しないとね，最近は厳しいから」くらいは言われるかもしれない。

大学で学んだのは研究法，現場で実践するのは調査，それを活かすのは現場，さらに学問として取り組むのは大学院，ということになるのであろう。心理学専攻卒業生ハルカの挑戦はまだまだ続くのであった。

4 日本心理学会の認定心理士（心理調査）について

ここまで，心理学の研究法を社会問題へ適用することが心理調査であり，研究とは異なり先行研究に対するレビューや批判が必要なわけではない，ということを論じてきた。このことは，心理調査が研究にならない，ということを意味するわけではない。社会で出会う問題に対して行う心理調査をきっかけに新しい研究が行えることも十分にありえるのである。その意味で，心理学研究と心理調査はコインの両面（ヤヌス神の顔[14]）のようなものであり，不断の研鑽が求められるのである。

日本心理学会では，2014年度以来，心理調査に関する資格の整備を行ってきた。その結果，2016年度から「認定心理士（心理調査）」という資格が始まることになった。これは，日本心理学会が25年間にわたって付与してきた認定心理士という資格のなかに，新たに心理調査を行う学習をした者を認定しようとする試みであり，その基本的な考え方は表1-2の通りである。

心理調査ができる認定心理士（心理調査）は，認定心理士でありかつ心理調査に必要な学習を行った者である[15]（図1-3参照）。

本書の各章を学ぶことで，心理調査の基本的な考え方を知り，可能であれば本書の読者の皆さん，心理学の内容と方法をしっかり学び卒業論文を書いて，日本心理学会の認定心理士（心理調査）の取得にぜひチャレンジして下さい。

---

14. ローマ神話の神で，前後2つの顔をもつ。
15. 認定心理士（心理調査）は認定心理士とだけ名乗ることは可能であるが，認定心理士が認定心理士（心理調査）と名乗ることは許されない。

第 1 章　心理調査の基本的考え方と歴史

表 1-2　認定心理士（心理調査）のスキーム

心理調査の基本的考え方	A 項目	心理調査概論など
データ分析法	B 項目	統計法など
データの取り扱いと報告	C 項目	基礎実験実習など
問題設定・分析・報告	D 項目	心理学特別研究，卒業研究（論文）など

（注）　ただし心理学研究法（座学）は A 項目に含むものとする。

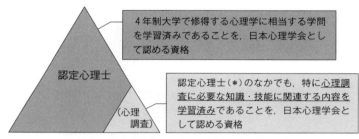

図 1-3　認定心理士（心理調査）資格の位置づけ

認定心理士（心理調査）はあくまでも学習内容を担保するものであり職能資格ではないが，きわめて職能資格に近い資格として位置づける。そのため，大学において卒業論文などの単位取得を強く求めている。

＊ 2014 年基準改定以降の基準を満たした認定心理士でなければならない。

第2章
心理統計の基礎

LEARNING OBJECTIVE

✓ 心理統計法の必要性と目的および基本的な考え方を理解する
✓ 集団の特性の推測ならびに記述の意味，仮説検定の考え方とその原理を学ぶ
✓ 2つ以上の集団ならびに現象の関係を知る
✓ 心理統計法の使用上の注意点を理解する

KEYWORD

データ　確率分布　変数　仮説演繹法　パラメトリック統計法　ノンパラメトリック統計法　推測統計学　無作為抽出　ランダムサンプリング　母集団　標本　正規分布　標準化　期待値　不偏分散　度数分布図　帰無仮説　対立仮説　危険率　有意水準　第一種の過誤　第二種の過誤　両側検定　片側検定　仮説検定　相関関係　散布図　回帰分析　検定力分析

1 なぜ，心理統計法が必要なのか

心理統計法とは　心理統計法と社会統計法はともに応用統計学の一種である。両者の違いを簡単に表すと，国勢調査や意識調査，世論調査などの比較的多くの人々を対象として行われた調査において用いられるのが社会統計法であり，そのデータから社会全体の特徴，傾向などを知ることができる。特に国勢調査のように非常に多くの対象者に行う調査の場合，得られた条件間の違いは，そのまま条件間の違いと見なすことができる。つまり社会統計は，集団のデータから個人を見ているともいえる。

一方，心理統計法を用いる場合，一般にデータを得る対象者が少なく，得られた結果から，その対象者が属する集団全体の結果を推測し，その推測にもとづいて集団を比較する。後で述べるように，その人が属する集団全員からデータを得ることは困難なことが多い。心理統計法のメリットは，実験計画法（第4章参照）にもとづいて計画された実験や調査の結果，得られたデータから全体の結果を推測することを可能にするという点にある。心理調査（実験などを含む）はいわば個人のデータから集団を見ているということができる。このため，人間の行動に関わるさまざまな条件の実験，調査に関する，変数間の関係に関する仮説の統計的検定などが可能となる。

心理統計法のロジック　心理学は人の営みすべてに関わる学問であるといっても過言ではない。その対象は，ニューロン（神経細胞）を扱ったものから，文化人類学的な領域まできわめて広範囲にわたる。また，そこで観察される現象はいわゆる物質科学での現象と同じ基準では測ることができないことが多い。たとえば，重さの異なる2つの錘（おもり）をどの順番で秤に載せても重さは変わらないが，心理現象の場合，先に重いものを持ったか，軽いものを持ったか，見かけが白いか，黒いかなどによって，同じ重さでも異なって感じられる。よく言われる表現だと物質科学のように1＋1が2であるとは限らず，3になったり，1になったりすることがある。さらに酸素と水素が化合すれば必ず水ができるといったようにつねに決まった反応が生じるとは

限らないのが心理現象なのである。つまり心理現象は人や動物を対象とした現象であるため,その個体の置かれた環境の違いや遺伝的要素の違い,成育歴などによって個人差(個体差)が存在する。このため昔ガリレオ(Galilei, Galileo, ユリウス歴 1564-グレゴリオ歴 1642)は,心理的な現象は,色や音などの感覚を通してでしか測定できない第2属性に関する現象であり,長さや重さのような直接測定できる第1属性のように科学の対象とはならないと主張した。

　このような特徴をもつ心理現象をいかに客観的に測定し,法則化するか,心理学の歴史はその手法の開発の歴史であったということができる。ある条件下の実験や調査の結果,得られたものが**データ**である。データには,多くの人,あるいは個体から集めたものもあれば,ある個人(個体)から何度も繰り返し収集したものもある。またこうして集められたデータには,知能指数や学業成績のように量的なもの,すなわち定量化できるものもあれば,企業名やYes／Noの反応ように質的なもの,すなわち数値として扱うことができず,定量化できないものもある。定量化できないデータは,ある条件のデータとある条件のデータを比べることができないわけではないが,定量化できるものに比べ,通常その結論に客観性をもたせることは難しい。一方,定量化することができる心理現象は,さまざまな条件下で得られたデータを比較することを可能にするだけでなく,データの統計的処理や実験や調査結果の再現可能性(第4章参照),客観性という意味においても非常に大きな利点をもつ。このため,さまざまな心理現象をいかに測定し,数値化するか,その方法の開発に力が注がれてきた。

　このようにして得られた実験結果が,科学的な根拠にもとづくものとして多くの人に受け入れられるためには,その現象の公共性,普遍性,客観性,再現可能性などを担保するなんらかの方策が必要になる。心理学が統計法を重要視する理由の1つは,この担保をその現象が起きる確率でもって充足しようとするところにある。統計的な確率を用いるということは,1＋1＝2のように答えは1つではなく,生起確率は低いが3や4になることもあることを仮定する。つまり,心理学はそこで示した1つの心理学的法則には例外が存在することを認めたうえで,その法則は95％以上の場合通用するが,5％以下の確率で間違っている可能性があるという結論の出し方をする。このようにある心理的現象の起こる確率を求め,統計的な**確率分布**と比較し,それにもとづいて結論を出

すという考え方は，認定心理士（心理調査）としてさまざまな調査や実験などを用いて心理現象を扱ううえできわめて重要な考え方である。血液型と性格の関係や巷の占い，4枚ほどの絵を示し，Aを選んだからこういう性格だというようなテレビによく出てくる心理評論家など，その個人の思い込みや確率的根拠のない事柄を心理学が否定する考えのもととなるものである。

心理統計法が必要なもう1つの理由は，通常心理学の実験や調査ではすべての人や個体を対象として調べることができないことにある。このことは一般の人を対象とした調査を考えてみればわかる。ある製品が一般の男性と女性でどちらに好まれるかという調査を行うことになった。もちろんすべての一般人を対象として調査をすることはできない。そこで一般の男子と女子のなかからある一定人数を抽出し，男性と女性とでどちらに好まれるかを調査することにした。このため，この抽出した人の結果から，一般の人がどのように反応するかを科学的に推測する手法が必要になってくる。これが心理統計法を必要とするもう1つの理由である。

<u>心理学の共通ルール：仮説演繹法</u>　心理現象の多くは，状況や条件によって個人個人の値が変わる。第1章にも記述があるが，これを**変数**といい，心理学の実験や調査ではよく独立変数，従属変数という言葉が使われる。独立変数というのは，実験や調査を実施するにあたって実験者が設定し，操作する変数を指す。また従属変数というのは，独立変数の設定や操作によって変化する反応や行動のデータを指す。独立変数の操作が，従属変数に影響するとき，たとえば脳内生理状態の変化のように反応に影響を与えるものを仮定することもあり，媒介変数と呼ばれている。きわめて曖昧な現象を含む心理現象から，公共性，再現可能性のある科学的な結論を導き出すために，心理学は実験や調査を通じ心理現象間の関係を実証するという共通のルールにもとづく説明を必要とした。その共通ルールが**仮説演繹法**と呼ばれる方法である。仮説演繹法では，①ある事柄が，ある行動に与える影響について，先行研究などにもとづいて因果関係を推論する。②仮説にもとづいて独立変数，従属変数を決定する。この独立変数，従属変数は明確に定義され，独立変数以外に従属変数に影響する変数は統制されている必要がある。③独立変数を操作し，従属変数の変化を調べる実験や調査を行う。④得られた結果について，各種の心理統計

法の手法を用いて仮説の真偽を評価する。⑤研究結果の追試が可能な方法とその結果を公表する。仮説演繹法は以上の5段階から成り立つ。このように心理学の実験や調査では，仮説にもとづき独立変数を操作し，従属変数のデータの変動を統計的手法によって調べるというのが一般的な研究方法である。

なお，心理学のデータを統計的に扱う手法を大きく分けると**パラメトリック統計法**と**ノンパラメトリック統計法**の2つがある。パラメトリック統計法は母集団（次節参照）が特定の分布に従うことがわかっている，もしくはそれが仮定されるときに用いられる統計手法で，心理学領域で頻繁に使われている。ノンパラメトリック統計法は，母集団の分布を問題としない統計法で，データの大きさなどの順位を用いて検定が行われる。本章では，より一般的なパラメトリック統計法に従って話を進める。

2 少数の部分でもって全体を推し量る

標本からの推定

心理統計法の主たる目的は，少数の部分でもって全体を推し量ることである。このため心理統計法は**推測統計学**（推計学）と呼ばれることもある。たとえば，果物の缶詰の品質調査をすることになった。もちろん一番たしかな方法はすべての缶詰を開けて品質調査を行うことであるが，それでは製品がなくなり会社はつぶれてしまう。そこで，製造された缶詰のなかから一定数を取り出し，品質調査を行うことになる。この場合大事なことは，すべての缶詰が品質調査の対象となる可能性がある，統計学的な言い方をすると，どの缶詰も同じ確率で選ばれる可能性があるように**無作為抽出**（ランダムサンプリング）された缶詰を用いて品質調査が行われるということである。こうして選んだ缶詰の品質調査の結果，特に問題がなければ，他の缶詰も大丈夫だと判断することになる。つまり，すべての缶詰のなかから，少数のサンプルをランダムに選び出し，品質調査を行い，問題が見つからなければ他の缶詰も問題がないと判断する。この手法は，心理統計法の基本的な考え方を表したものである。

上の話を心理統計法の用語に置き換え，一般的な説明をすると，上のすべての缶詰を**母集団**，選ばれた一定数のサンプル缶詰を**標本**という。図2-1のよう

第2章 心理統計の基礎

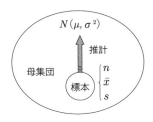

N： 正規分布をしていることを示す
μ： 母集団の平均値
σ^2：母集団の分散
n： 標本数
$\bar{x}$： 標本の平均
s： 標本の標準偏差

図 2-1　母集団と標本

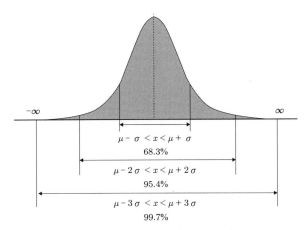

図 2-2　正規分布曲線とその生起確率

に，母集団の平均値を μ（ミュー），データのばらつきの大きさを母分散 σ^2（シグマの2乗）で表す。なお，母分散の平方根 σ は，（母）標準偏差といい，平均値と同じ単位基準のデータの散らばりの大きさを示す値で，心理統計法では頻繁に使われる値である。図中の $N(\mu, \sigma^2)$ は，この母集団が母平均 μ，母分散 σ^2 の**正規分布**（normal distribution）をしていることを意味する。正規分布というのは，平均値のある値を中心に，平均値から離れるにしたがって左右対称に減衰する富士山型の分布をいい，自然科学や，社会科学の現象の多くのデータが正規分布の形を示すといわれている。

心理学が対象とする現象に関するデータの多くが，正規分布するということは，きわめて重要な意味をもっている。すなわち，ある集団が正規分布している場合，平均と標準偏差が判明すれば，数学的に，それを構成する集団のすべ

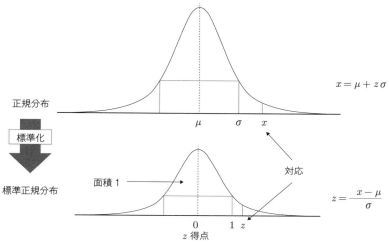

図 2-3 データの標準化

ての特性を示すことができ，図 2-2 に示したような意味をもつことになる。すなわち平均値 ±σ のなかに全体のデータの 68.3%，平均 ±2σ のなかに 95.4% のデータが入る。心理統計法はこのことを根本的な原理として用い，正規分布以外の分布（たとえば t 分布，F 分布，χ^2(カイ二乗) 分布など）を使う場合でも，理論的に得られるそれぞれの確率分布に照らし合わせて考えることは共通である。

また，データが正規分布している場合，その正規分布は面積 1，平均 0，母分散 1^2 という標準正規分布に変えることができる。すなわち，ある母集団が平均値 μ，母分散 σ^2 の正規分布している場合，その正規分布上のある点 x が標準正規分布の z の位置に対応するならば，x は平均値 μ に標準偏差 σ の z 倍を足した位置に存在することになる（図 2-3）。言い換えれば z の値は分布上のある点 x から母平均 μ を引いたものを標準偏差 σ で割ったものになる。

$x = \mu + z\sigma$　すなわち　$z = (x - \mu)/\sigma$

これをデータの**標準化**という。標準化した x は z 得点（標準化得点）とも呼ばれるもので，多くの統計学に添付されている標準正規分布表を見ることで x が生じる確率を知ることができる。

第 2 章　心理統計の基礎

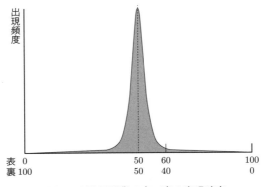

図 2-4　100 円硬貨の表・裏の出現確率

　母集団のなかから n 人（体）の標本（心理学の場合，実験や調査の対象となる実験参加者や被験体）を抽出した結果，その標本から平均値 $\bar{x}$（エックスバー），標本の散らばり s（標準偏差）という値が得られたとする。心理統計法の1つの目的は，この標本の結果から，母集団の平均値や散らばりの大きさを推し量ることである。推し量られた母集団の平均は**期待値**と呼ばれ，推測された母分散は**不偏分散**と呼ばれる。なお，実際の母集団の平均値と標本から得られた値との違いは標本誤差あるいは偶然誤差と呼ばれている。

分布上の位置から考える

　心理統計の最も基礎的な考え方をコイン投げの例で説明する。たとえば，100 円玉を 100 回投げ，表と裏の出た数を調べてみたところ，表が出たのは 60 回，裏が出たのは 40 回であった。この場合，表が多く出たといえるであろうか。99 対 1 なら誰も疑いなく，表が多かったと言うであろう。また 50 対 50 なら，表と裏の出る回数に違いはないと結論するであろう。では 60 対 40 はどうなのだろうか。これを調べるには同じように 100 回コインを投げ，表と裏の数を調べることを何回も繰り返し，得られた結果から**度数分布図**を描いてみればよい。100 回コインを投げて表と裏の数を求めてみると 48 対 52，54 対 46 というように色々な比率が生じる。これを度数分布図にすると図 2-4 のように，50 対 50 になることが最も多く，48 対 52 や，60 対 40 の割合は徐々に出現することが少なくなり，100 回すべて表が出ることは絶対に起こらないということはないが，その可能性は

限りなく 0 に近くなるような分布を示す。つまり 50 対 50 の割合になることが最も多く，度数分布図の全体の面積を 1（確率100%）と考えたとき，60 対 40 がこの図のどこにあたるか，すなわち，このような結果が起こる確率がどれだけあるかを調べ，それがよくあることなのか，めったに起こらないことなのかを判断する。実際にはこの例の場合は，正規分布ではなく χ^2 分布を使用して検定する。詳細は他書にゆずりたい。分布の型が変わっても考え方の原理は同じであり，心理統計法の基本的な方法であることに代わりはない。

　心理学で統計学を使う理由には，大きく分けて 3 つの理由がある。1 つは，標本の代表値（平均値，分散）を記述すること，また少数の標本から母集団の特性を推測することである。上にあげた缶詰の例などが，これにあたる。2 つ目は，2 つ以上の集団の特性に違いがあるかどうかを検定することである。なお，もし 2 つの母集団の代表値が完全にわかっている場合，たとえば缶詰をすべて検査した場合（全数調査；第 **3** 章も参照）はそのままの数字を比較すればよく，検定する必要はない。検定はあくまでも標本から母集団を推測して比較するための方法である。3 番目は，ある現象（変数）と他の現象（変数）の間になんらかの関係があるかどうかを探ることである。

3 集団の特性を推測，記述する：記述統計

サンプリングの重要性　　心理統計法の講義を受講中の学生 100 名に期末試験を行った。これを母集団とし，母集団を構成する 100 名（男性 60 名，女性 40 名）のなかから 10 名を選んで，平均得点を求めた。もし，この 10 名を選ぶにあたって，いつも前の席で講義を聞いているものばかり選んだとすると，おそらく 100 名の母集団の平均値よりもかなり良い平均値が得られる。また，男子 3 名と女子 7 名を選んで平均を求めたとしても，全体の平均値とは違ったものとなると予想される。これらの標本の選び方は無作為抽出ではなく，作為的な抽出であったため，母集団の特性を推し量るには不適切な標本の選び方となり，母集団の平均値と標本から得られた平均値が大きく異なってしまったのである。この場合，無作為抽出で標本を抽出していれば，10 名の標本の平均値は母集団の平均値に近い値を示したはずである。この例

の場合，母集団が 100 名であるため，実際の母集団の平均値を求めることは困難なことではないが，もし母集団が不特定多数の場合，たとえば全国の大学生のような場合はどうであろう。もちろん全数調査で母平均を求めることは不可能ではないが，それが非常に難しいことは容易に想像されるであろう。そうすると，標本を選び，その値から大学生全体の結果を推測せざるをえない。このような場合，標本の選び方が，どの個体も標本に選ばれる確率が等しければ等しいほど，標本の値は母集団の平均値を推し量るべき良き標本となる。母集団の特性を推測するという目的で最もよく知られているのは選挙速報である。昨今では開票率 1% で当選確実が出されることもまれではない。これは出口調査がランダムサンプリングにもとづいて行われているためで，もし，偏ったサンプリングをしていれば，当選確実は出されたが実際には落選するということも起こりうる。

統計的検定の考え方

先ほどの 100 円玉の表か裏かの例を用いて，統計的検定の基本を説明する。コイン投げを行った者が，表が出るように祈って投げたことによって表が多く出たかどうかを検討するためには，仮説として，表と裏が出る割合には差がないという統計的仮説である**帰無仮説**を立てる。**帰無仮説**（null hypothesys; H_0）というのは，その仮説を棄却できるかどうかを検定するため，すなわち無に帰するための仮説という意味を持つ。帰無仮説が間違っているとして棄却すれば，表と裏の出方に差があることになる。差がないという状況は 1 つしかなく，差がないという帰無仮説を棄却すれば差があることになる。この場合，差があったとしても，どれだけの差があるかは意味していない。なお，差があるという帰無仮説を立てることは間違いではない。たとえば，表と裏の数は 55 対 45 であるという帰無仮説を立てることは可能である。しかし，それは 55 対 45 になんらかの特別な意味が見出せる場合だけである。なお，差がないとする帰無仮説が棄却されたとき採択される，差があるとする統計的仮説を**対立仮説**（alternative hypothesys; H_1）という。

実際に表が出るように祈ってコイン投げを行った結果，表が 60 回，裏が 40 回であった。上述したように，表が出るように祈らずに同じ手続きで 100 回コインを投げる実験を何回も何回も繰り返し行い，得られた分布（確率分布）と比較してみる。その結果，こうした結果が 5% 以下の確率（すなわち 100 回中 5

回以下）でしか起こらない場合は，珍しいことが起こったと考え，表と裏の数には差がないとする帰無仮説を棄却し，対立仮説を採択する。また，もし，5%以上の確率で起こるような結果であった場合は，よく起こる現象だと考え，帰無仮説を採択し，表が出るように祈っても表が多く出ることはなかったと結論することになる。じつはコインを投げたとき，60対40の割合になるのは，同じ実験を何回も行ったとすると統計的に100回中5回以下しか起こらない現象である。このため，珍しいことが起こったと考え，この場合，表が出るように祈ってコインを投げたら，表が出る回数が多くなったと結論することになる。

以上が統計的検定の基本的な考え方である。手順をまとめると次のようになる。

① 帰無仮説と対立仮説を立てる
　　H_0:表 ＝ 裏　H_1:表 ≠ 裏
② 標本統計量を測定（実験．調査）する
　　この例では表:裏 ＝ 60:40
③ 確率分布と比較する
　　表:裏 ＝ 60:40 となるのは 100 回中 5 回以下
④ 仮説の真偽を判断する
　　5%水準で H_0 を棄却して，表と裏の数に差があると結論する

4 危険率（有意水準）について

統計的検定の落とし穴：2つのエラー

ところで先ほどから，5%以下の確率でしか起こらないことが起こった場合，珍しいことが起こったという言い方をすると書いてきた。自然科学や社会科学，行動科学などで統計学を使う場合，これを**危険率**（**有意水準**）といい，通常は5%の値を基準としている（$p < .05$ と記述する）。正確には，上記のコイン投げの場合，ただ単にコインを100回投げる実験を何回も繰り返すと，表と裏の数が60:40になるのは100回中5回以下でしか起こらない現象のため，「表が出るように祈って投げても表と裏が出る数は変わらない」とする帰無仮説を5%水準の危険率で棄却することになる。すなわち表が出るように祈ってコインを投げると表が多く出

表 2-1　帰無仮説採択における 2 つのエラー

	仮説を採択	仮説を棄却
仮説は真実	正しい判定	第一種の過誤 Type-I error
仮説は間違っている	第二種の過誤 Type-II error	正しい判定

ると結論することになる。ここでなぜ危険率というかというと，100 回同様の実験を行ったとすると，100 回中 5 回以下ではこの結論（表が出るように祈って投げると表が多く出るという結果）と違う結論（表と裏の数に違いがないという結果）になるという危険性を含んでいるからである。表 2-1 は帰無仮説とその真偽の関係を示したものである。帰無仮説が正しい場合，すなわちコインの表と裏の数が同じくらいで違いがない場合，表と裏の数に差がないとする帰無仮説を採択するのは正しい判断になる。同様に，帰無仮説が間違っていて（本当は差がある），帰無仮説を棄却する場合も，正しい判断である。ところが，本当は帰無仮説が正しい（本当は差がない）のに，帰無仮説を棄却し，差があるという結論を出す場合，これを**第一種の過誤**（Type-I error）という。通常の危険率がこれにあたり，「あわて者のエラー」と呼ぶ研究者もいる。本当は帰無仮説が間違っている（本当は差がある）のに，その帰無仮説が正しいと判断し，帰無仮説を採択する場合（本当は表が出るように祈って投げた場合表が出やすくなるのに，差はないと判断する場合）は**第二種の過誤**（Type-II error）といい，「うっかり者のエラー」ということもある。

危険率はなぜ 5 ％なのか

また，なぜ 5％が基準になるかというとそれは対象としている事柄の重大性による。飛行機の墜落の危険率が 5％，すなわち 100 回の飛行中に 95 回の飛行は安全だが，5 回ほどは墜落する可能性があるということになった場合，あなたはその飛行機に乗るという選択をするであろうか。危険率をどこに設定するかは本来，自然科学，社会科学，行動科学などでの結論が人間生活にもたらす影響力を考慮したうえで決定されるべき問題である。したがって，帰無仮説の採否が，危険率 5％を基準にしなければならないという根拠は特にない。5％を 6％にしても科学的には

なんら問題はない。単に慣習的に多くの学問領域で5％水準が帰無仮説棄却の危険率として用いられているにすぎない。以上のように，危険率の設定はきわめて慣習的，恣意的なものである。一般的には危険率を5％水準（$p < .05$）もしくは1％水準（$p < .01$）に置くことが多いが，10％水準（$p < .10$）の場合，「有意な（差の）傾向がある」という結論の仕方をすることもある。

ところで確率分布は，正規分布であるかそうでないかはともかくとして，出現頻度の高い値の両袖に出現頻度が少ない値をもつという分布をする。このため危険率5％で帰無仮説を棄却するといっても，そこに含まれるのは両裾を合わせて5％なのか，片裾だけで5％なのかという問題がある。確率分布の両裾を合わせて5％（すなわち各裾2.5％ずつ）として帰無仮説の採択を判断する場合を**両側検定**といい，片裾だけを基準とする場合を**片側検定**という。片側検定は，比較すべき対象AとBが，なんらかの傍証で，Aのほうが大きくなければ等しい，つまりAがBより小さくなることはありえないことが証明されているような場合に用いる。ただし両側検定の10％の値が片側検定の5％の値に相当するため，片側検定は検定が甘くなるという問題を含んでいる。なお，心理現象の場合，上記のような仮定ができないことが多く，両側検定を使うことが圧倒的に多い。

5 仮説の検定

2つ以上の母集団の特性の違いを比べる

認定心理士（心理調査）が対象とする領域が，社会調査士の対象とする領域と最も異なるのはこの2つ以上の母集団の特性の違いを調べるという点であろう。このように2つ以上の母集団の特性の違いを調べることを心理統計法では**仮説検定**と呼んでいる。心理学の実験や調査ではよく実験群と統制群という2つ，あるいはそれ以上の群分けを行って実験を行う。たとえば，視聴覚教材の使用の有無が小学生の学習効率（試験結果）にどのような影響を与えるかについての実験計画（第**4**章参照）を立てることになったとする。おそらく，少しでも心理学をかじったことがある人なら，大部分の人が，視聴覚教材を使って授業をする実験群と視聴覚教材を使用しないで授業を行う統制群の2つの群に分けることを考えるであろ

第2章 心理統計の基礎

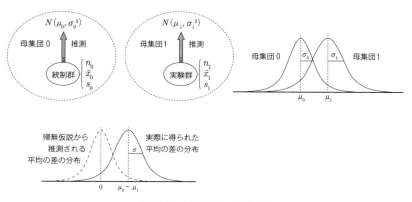

図 2-5　統計検定の考え方

う。学年の違いや，使用の仕方など，もっと他の要因の関与も考えないと，視聴覚教材使用の効果だといえないのではないかという人もいるであろう。それはともかくとして，ここでは単純に視聴覚教材の有無だけに絞ることにする。この実験で知りたいのは実験群と統制群の実際に得られた標本としての試験結果ではなく，その実験群が所属すると仮定される母集団と，統制群が所属すると仮定される母集団の間での試験結果が違うかどうかである。そのためには，実験群，統制群という2つの標本から得られたそれぞれの平均値や分散などから，それぞれの群が所属する母集団の母平均や母分散を推測し，そこに違いがあるかを検討することになる。標本の値から母平均や母分散を推し量った不偏分散は，実際の心理統計法の講義で必ず習うため，ここでは割愛する。

仮説検定では，前述したようにまず帰無仮説を立てる。この場合，各群の母平均を μ_0, μ_1 として，視聴覚教材の使用の有無の試験結果には差がない，すなわち $H_0 : \mu_0 = \mu_1$ という帰無仮説を立てることになる（対立仮説は $H_1 : \mu_0 \neq \mu_1$）。ここで両群の平均の差 ($\mu_0 - \mu_1$) の分布を考えてみる。もし帰無仮説が正しければ，すなわち両群の平均に差がなければ，両群の平均の差の分布は，0からあまりかけ離れた値をとることは少なく，0に限りなく近い値をとることが多いと考えられる。もし帰無仮説が間違っていれば，0からかけ離れた値を示すことになる（図2-5）。もし0からかけ離れた値をとることが多いとすると，帰無仮説で両群の母平均が等しい，すなわち $\mu_0 - \mu_1 = 0$ と仮説したこと自体が

誤りであった可能性が高く，帰無仮説 $H_0: \mu_0 = \mu_1$ を棄却することになる。このような原理を用いて両群の違いを調べることで，帰無仮説の真偽を確かめるのが仮説検定の方法である。

仮説検定の方法は，標本の値から母集団を推し量り，その確率分布に照らし合わせ，仮説の真偽を確かめるというのが原則であるが，その根拠はあくまでも確率であり，確率にもとづく結論には例外が存在する可能性がある。たとえば，視聴覚教材の使用の有無を実験した結果，使用した群と使用しなかった群の間に，5%以下の確率でしか生じないような珍しい差が見られた場合，両群の間に差がないという帰無仮説を 5% 以下の危険率で棄却し，視聴覚教材の使用の有無によって試験結果に違いがあると結論することになるが，この結論にも第一種の過誤が存在する可能性があることを知っておく必要がある。

2つ以上の現象の関係を調べる

心理統計法は，これまで述べてきたように，標本から推測することである母集団の特性を記述したり，それにもとづいて2つ以上の母集団に違いがあるかどうかを検定することを目的としている。しかしながら，心理学で扱う現象の多くは，個々の現象ではなく，他の現象と絡み合っており，単独の現象というのは少ない。たとえば一卵性双生児の兄弟姉妹の知能指数（IQ）は片方の IQ がわかれば，もう片方の IQ もほぼ推定できることが知られているが，親と子では親の IQ がわかったからといって，子どもの IQ はそれほど正確には推定できない。しかし，この例の場合，まったく関係がないわけではなく，弱いながらも関係が見られる。さまざまな心理現象においても同様の関係が見られ，たとえば，知能と学業成績の間にも同様の関係が成り立つと推測される。このような2つの現象の関係を相関という。第1説にも述べた通り，知能や学業成績を統計学の一般的な言葉に置き換えると変数といい，2つの変数間になんらかの関係が認められる場合，**相関関係**が見られるという。関係が見られない場合は無相関であるという。特に，変数 X と変数 Y の間に直線関係があることを仮定し，その関係の強さを示したものを相関係数と呼ぶ。2つの変数の関係が最もよくわかるのは**散布図**（図 2-6）を描いてみることである。

心理学で，2つ以上の変数間の関係を調べる研究を行う最も大きな目的は，すでにわかっているある特定の変数の結果から，未知の変数の結果を推定した

第 2 章　心理統計の基礎

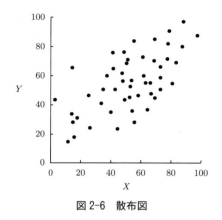

図 2-6　散布図

り，予測したりしたいからである。ただし相関係数は 2 つの変数間に直線関係が存在する程度の指標にすぎず，変数 X の増減に従い変数 Y の結果がそれに伴ってどの程度増減するかを予測するものではない。こうした目的で開発された方法が**回帰分析**と呼ばれる方法である。たとえば，桜の開花予報は，ある決まった木（標本木）の枝のつぼみの大きさや，気温などの変数を調べることで重回帰分析という方法を用いて行われている。心理調査を行う場合，非常によく用いられる因子分析やパス解析，共分散構造分析，数量化理論などの多変量解析は原則的に相関をベースにした回帰分析を用いたものである。

6　統計の使用上の注意

　心理統計法で検定を用いた場合の注意点を山田・村井（2004）の『よくわかる心理統計』を参考にあげておく。
　心理統計法は，あくまでも確率分布にもとづき，抽出した標本から母集団の代表値を推し量るものである。また，その検定方法は先述したように，確率的にめったに起きない現象も起こりうることを前提とし，厳密な帰無仮説（多くの場合差がないとする）の下でその現象が確率的にめったに起こりえない現象であるかどうかを検定する方法である。つまり 5％以下の確率でしか起きない現象である場合，帰無仮説を棄却するという方法をとるが，危険率が 5％である

必要は必ずしもない。研究者のなかには片側検定での 5% 水準（両側検定の 10% 水準に相当）を採用するものもいる。また，パラメトリック統計法とノンパラメトリック統計法のどちらを用いるのか，どの分析方法を用いるのかによっても分析の結果が異なってくるなど，心理統計法の使用は確固たるものではなく恣意的な面があることは知っておく必要がある。また，たとえば，視聴覚教材の使用の有無を検討した実験の結果，使用の有無に統計的に違いが認められなかったからといって，実際に視聴覚機材の使用の有無によって教育効果に違いが見られないことを表すものではない。なぜなら，標本の大きさ（サンプルサイズ）が小さい場合（標本の人数が少ない場合など），実際には差があるのにもかかわらず，標本の結果からは両群の間に差が認められないという第二種の過誤が生じる可能性が高くなるからである。

　また逆に標本の数が多い場合，統計的に違いが生じたとしても実質的に意味があることを意味しない。たとえば，視聴覚教材の使用の有無の実験を実験群統制群の各 1000 名に行った結果，試験成績は，実験群は平均 80 点で標準偏差 10 点，統制群は平均 79 点で標準偏差 10 点だった。この結果について聴覚教材使用の有無による試験結果に違いがあるといえるかを検定すると，試験の 1 点の差は 5% 水準で統計的に有意な差がある，すなわち 1 点の差がつくのはきわめて珍しいことであるという結論になる。はたして真実だろうか。標本のサイズが大きい，すなわち標本の人数が多い場合には，第一種の過誤を起こしやすくなる，言い換えると心理統計法には意味がなくなるという 1 つの例である。心理学領域ではこうした第一種の過誤，第二種の過誤の可能性を減らすため，**検定力分析**を行うことが推奨されている。検定力分析は事前分析と事後分析に分かれるが，事前分析は先行研究からの有意水準（名義的有意水準），検定力，効果量（第 **4** 章参照）を用いて，事後分析の場合は有意水準，サンプルサイズ，効果量を用いて算出できる。

　その他にも心理統計法を使ううえで注意しなければならない点が多数あるが，多くは統計法の知識を必要とするため割愛する。山田・村井（2004）に比較的詳しく載っているため興味ある読者はそちらを参照していただきたい。

第3章
調　査

LEARNING OBJECTIVE
- ✓ 個人の内面にわたる幅広い人間の振る舞いについて，言葉を用いて問いかける方法を学ぶ
- ✓ 多人数から短時間でデータを収集し，相関（共変）関係を分析する方法を身につける
- ✓ 研究目的に沿ったクリアなデータの収集に必要な事前準備について学ぶ
- ✓ 精度と有意味性を確保した測定を実施する

KEYWORD
調査　因果関係　相関関係　縦断調査　共変関係　横断調査　社会的望ましさ　社会調査　心理調査　心理尺度　無作為抽出　ランダムサンプリング　仮説　測定誤差　ワーディング　ダブルバーレル　キャリーオーバー効果　母集団　全数調査　標本　サンプル　標本調査　有意抽出　信頼性　妥当性　内的整合性　信頼性係数　構成概念　構成概念妥当性　ネット調査　データアーカイブ　追試研究　メタ分析

第3章 調　査

1 調査で何ができるか

調査とは　本章では，「認定心理士（心理調査）」という資格名に含意されている広義の**調査**（survey; 心理学的な調査法や実験法など，すなわち調査・実験その他を計画し，実施し，データの分析を行い，考察すること）のなかでも，「心理学的な調査法」（以下，本章ではこれを指して「調査」，あるいは類似したものとの区別が必要な場合のみ「心理調査」と呼ぶ）について解説する。

　調査は，実験や観察など他の研究法と比べると，おそらく多くの読者にとって最もなじみ深い，ほとんどの人が参加（回答）者となった経験のある心理学研究法であると思われる。何かのイベントに参加した際に「来場者アンケート」用紙への回答を求められたり，衆議院選挙中に投票に行く意思があるかどうかや投票先を決めているかどうかを問う電話があったり，あるいは大学の授業時に先輩が現れて「大学生活の満足度に関する卒業論文を作成するので，調査にご協力ください」と調査票が配布されたり，さまざまな場面でさまざまな調査を経験したことがあるだろうが，いずれも参加者に「尋ねる」，すなわち言葉を用いて問いかけることで回答を得るという点が共通した研究法である。

　調査は，なじみ深い研究法であるだけに，手軽で簡単に実施できるというイメージがあるかもしれない。たしかに，実験のように目的に合わせて参加者の置かれる環境を研究者が操作する（データを収集する環境を研究目的に沿ったものになるよう人為的に作り出す）必要がないし，観察のように見たものを見たままに記録するという，膨大かつ仔細にわたる作業も必要としない。つまり一面ではその通りなのだが，そうであるからこそ，信頼に足る研究法として用いて適切なデータを収集するには，適切な手続きを踏むことが必要になる。なぜなら，調査によるデータの収集は，実験のように研究者が回答環境を操作することができないし，収集できるデータはあらかじめ研究者が用意した問いかけに対する回答者による回答のみであり，それ以下ではないがそれ以上の膨大さも仔細さももたないからである。

　本章では，こうした調査という研究法について「何を」「どのように」「誰

に」の3点に焦点を当てて概説し，適切な研究実施につながる基礎的な知識を提供する。

調査でできること

さて，調査で何ができるか，という本節の本題に入るとしよう。これを考える際も，他の研究法と比較するとわかりやすい。また，何ができるかを考えるのは，何はできないかと考えるのと同等である。調査という研究法のメリットとデメリットはなんだろうか。私たちはどんなときにこそ調査を利用すべきなのだろうか。

まず，実験と比較してみよう。調査では，実験では実施できないようなテーマを「言葉を用いて問いかける」ことが可能な場合がある。先に述べた通り，実験では，参加者を特定の環境に置く操作を行うことによってそこでの振る舞いをデータとして得るが，倫理的に問題のある，たとえば参加者に強いストレスを与えたり反社会的だったりする操作をすることはできない。皆さんは「監獄実験」や「服従実験」について話を聞いたことがあるだろうか。いずれも心理学ではとても有名な研究だが，前者は1970年代に行われた，参加者に看守役か囚人役を割り振って大学の地下室にしつらえられた模擬監獄に入らせ，どのような行動をするかを実験した研究であり（Zimbardo, 2008 鬼澤・中山訳 2015），後者は1950年代に行われた，参加者を教師役にして生徒役の実験参加者に一方的に身体的な罰（電気ショック）を与えなければならない状況に置き，いつまで罰を継続するかを実験した研究である（Milgram, 1974 山形訳 2008）。いずれも倫理的に大きな問題があるとして物議を醸し，倫理審査（第9章参照）の仕組みが整えられた現在では当時と同じ操作をする実験の実施は許されない。その点，調査であれば，それぞれの状況を想像させるような教示文を与えることで，そのような場面でどのように行動する「と思う」かを尋ねることが可能である。これならば実際に模擬監獄に入れられたり他者に罰を与えたりすることによる強いストレスに参加者をさらすことなく，実際の行動に近似したデータを得ることができるだろう。このように，実際に参加者を特定の環境にさらすことがためらわれるような事柄について，あくまで仮想的にではあるが調べられるのは調査法のメリットであるといえる。

一方で，実験では可能だが調査では困難なのは，**因果関係**の同定である。たとえば，小中学生を対象として，攻撃性の程度を測定する尺度と，対戦型のオ

ンラインゲームをプレイする頻度を同時に尋ねる調査を実施したとしよう。得られたデータを分析して，両者の得点に強い関連性（**相関関係**；第**2**章参照）が見出されたとしても，子どもの攻撃性が高まるにつれて対戦型のオンラインゲームを好みより頻繁にプレイするようになるのか，子どもが対戦型のオンラインゲームに「はまる」と攻撃性が高くなるのかはわからないのである。

　もう少し一般的な書き方をすると，相関関係は，因果関係とは異なり，何かと何かにどちらが原因でどちらが結果かという区別をしない，すなわち因果の方向性がない関係のことである。そして，同じ調査票で同時にAとBの両方を尋ねた場合にわかるのは，Aの得点が大きい（小さい）とBの得点が大きい（小さい）傾向がある，という関係があるかどうかであって，Aが原因となってBという結果を引き起こしているのか，逆に原因BがあるためにAという結果が引き起こされているのかは特定できないということである。もちろん，おそらくこちらが原因でこちらが結果だろうと推測できる場合も少なくはない。

　因果関係が特定できない，というのは，一時点でデータを収集する（つまり，1回限りの）調査であればもちろんのこと，同じ人々を対象に複数時点にわたってデータを収集する**縦断調査**であっても基本的には同様である。たとえば「人は孤独なときほど酒をよく飲みたがる」かどうかを検討したい場合は，参加者たちに毎日孤独感と飲酒量を尋ねて，それぞれの変化に着目することになる。ある個人のなかで，孤独感を強く感じているときに飲酒量が増え，そうでないときに減るというような関連があるかどうかを検討するわけである。こうした個人内の「変化間の関係」は，特に**共変関係**と呼ぶ。人為的に孤独感が高まるような状況に人を置く，あるいは，故意に多くの飲酒をさせてみる，というようにどちらかを原因だと特定しうる操作をしたわけではないので，因果関係を同定することはできない。なお，縦断調査に対して，ある一時点において収集したデータを，対象者のグループ（たとえば学年）ごとに比較するような調査を**横断調査**と呼ぶ。

　観察にはない調査の利点は，研究対象となる現象が生じるまで待つ必要がないことである。観察では，研究者が参加者の置かれる環境を「操作」することがない点では調査と似ているが，研究者が参加者に何かを積極的に問いかけることをしない。つまり参加者が能動的に何かをするまで待たなければならないが，調査の場合はその必要がない。しかし，調査では言葉を用いた問いかけが

必要不可欠だから，対象者が一定の言語理解・運用能力を有することが実施の条件となる。となれば，乳児を対象としたデータ収集はきわめて困難だし，異文化圏の人々を対象とすることも相当に難しいだろう（後者については，調査票を多言語化することによって対応は不可能ではない）。

また，観察や実験では，客観的に観察可能な人間行動を正確に記録することが（理想的には）可能である一方で，人間の心のなかで生じる主観的な出来事（感情，動機，態度など）を扱うことは困難であるが，調査であれば「言葉」を用いて問いかけること（「どう思いますか」「あなたの意見はどれに近いですか」といった項目）によってそれらをデータ収集の対象にできる。とはいえ，実際に行動として表出させない分，参加者が虚偽を回答しやすく，さらに研究者には真偽の判別が困難であることは大きな問題である。特に，回答者が**社会的望ましさ**（social desirability）を気にかけるような内容を尋ねると，自らの信じるところではなく，社会で受け入れられやすい（と回答者が考える）方向に回答が歪むことがよくある。前述の倫理的問題を含むような問いもそうだが，たとえば「私はどんな人とでも分け隔てなく付き合う」「買い物をする際はいつも環境に優しいものを選ぶ」といった項目に「はい」と答える人数は，おそらく，実際に誰とでも分け隔てなく付き合ったり，環境に優しいものを優先して購買したりする人数よりも多くなり，調査で回答した態度と実際の行動には関連が見られない（つまり，相関関係がない）かもしれない。正直に回答すべきかどうか悩むような内容を尋ねる際は，その点を踏まえてある程度慎重になったほうが良い。

主観的な出来事を捉えることを目的とした研究法には面接（第 **6** 章参照）もある。面接と調査を比較すると，調査では一律の調査票を一度に多数の参加者に配布し，協力を求められることから，相互に比較可能な数量的データを得ることが容易である。一方でそのことは，面接では可能な，少数の個人を対象に詳細な情報を臨機応変に得るようなことは不可能だということを指してもいる。

心理調査と社会調査　本書は「認定心理士（心理調査）」認定科目の教科書という位置づけをもっているが，「社会調査士」という資格もある。**社会調査**は，**心理調査**よりよく知られている言葉かもしれない。本章で述べる調査（心理学的な調査法）と社会調査は何が違うのか，と疑

問をもつ方もいるだろう。ここでは両者の異同について簡単に述べておきたい。

　結論からいってしまえば，両者には調査者の着眼点の違いが現れる。同じようなテーマを扱うのでも，心理調査では心理的な側面に注目することが多く，社会的な側面に注目することが多いのが社会調査なのである。資格に当てはめれば，社会について知るための調査をするのが社会調査士であり，個人の嗜好・態度などを調査するのが認定心理士（心理調査），ということもできる（サトウ，2014）。

　たとえば人の「豊かさ」に関して尋ねる場面を考えてみよう。有職者を対象とするならば，年収が有力な指標となりうることは誰でも想像がつくだろう。年収が高いほど豊かな生活を送っていると定義するのである。社会調査であれば，つまり社会的な豊かさを考えるのであればそれで十分であることが多いのだが，心理学者はたいていそれでは満足しない。なぜなら「どんなに収入があっても本人が豊かだと思っていないこともあるだろう」と，心理的な豊かさつまり個人の内面に注目するからである。そこで調査場面では「私は豊かな生活をしていると思う」といった項目を用意してそれを尋ねようとする。一方，社会調査であれば，年収の背景となる変数として，本人の学歴や親の職業などを尋ねる項目を用意するだろう。その違いに善し悪しがあるわけではなく，どのような豊かさに注目するのか，その視点が心理学と社会学では異なる場合が多いのである。個人の内面を測定するために中心的な役割を果たすのは**心理尺度**（psychological scale）である。そのさまざまなバリエーションについては第7章で詳しく述べる。

　こうした視点の違いは，第3節で詳述する対象者の選定方法にも影響する。社会調査の場合は，実施対象は個人ではあるが，基本的な視点は集団（のなかで個人がどのような位置づけにあるのか）に向いているので，一般に大きな（たとえば数千以上の）データ数を必要とし，また調査対象者の選定の際はなるべく偏りなく社会の実情を反映させるために**無作為抽出**（ランダムサンプリング）が用いられることが多い。しかし心理調査の場合は，データ数は比較的小さい（たとえば200〜300）ことが多く，無作為抽出が行われることもまれである。この点についての詳細も後述する。

　以上から，調査という研究法の特徴を（特に心理調査という観点から）まとめると，個人の内面も含む幅広い人間の振る舞いについて，言葉を用いて問いか

けることによって，多人数から短時間でデータを収集し，それらの間の相関（あるいは，共変）関係について分析することができる手法，ということになる。また，対象や尋ねる内容には調査ならではの利点と制約の両方があるので，それらを考慮したうえで適用すべきであることも理解できただろう。

それでは引き続いて「どのように」と「誰に」に調査するのかについて考えていこう。

2 調査票の作成

<u>調査計画の策定</u>　調査を計画する際の基本的なスタンスは，特に他の研究法を用いる際と変わることはない。何よりも重要なのは，研究者が，対象者の「何」が知りたいのかを明確にしたうえで調査を計画，実施することである。そのためには，調査の具体的な計画に着手する前に，対象としている問題の構造を把握し，それを調査という方法で確認できる表現にした「**仮説**」を可能な限り精緻に構築しておく必要がある。研究対象は，日々の生活のなかで生じた疑問，時事問題など幅広い。ただし，たとえば「青少年のコミュニケーション」を対象とするにしても，メディアによる伝達内容の違い，コミュニケーションスタイルの性差や発達的変化，あるいはコミュニケーションの量や質が自尊心に与える影響，などと複数の問題意識がありうる。それによって，何をどのように測定するのかが異なってくるので，まずは測定対象を明確にする必要がある。

調査の準備段階では，研究目的に沿ったクリアなデータ，つまり**測定誤差**の少ないデータを収集するための努力を尽くす必要がある。調査への回答は回答者の手にすべてゆだねられるので，そこで研究者の想定しない歪みや誤解が生じると致命的である。

<u>調査票作成時の留意点</u>　◆ **既存項目の利用**

関連する先行研究があり，そこで自分の調べたい関心に合致した項目が使われているのであれば，それをそのまま利用するのが最も簡便かつ適切である。同じ項目を用いて測定すれば，得られたデータを先行

研究と比較できるというメリットもある。ただし，特にパーソナリティや態度などを測定する心理尺度を用いる場合は，信頼性と妥当性が正当な手段で確認されており，それぞれ十分高いものであるかどうかを必ず確認しておく必要がある。信頼性と妥当性については第4節で詳述する。

　また，心理尺度のなかには数十，なかには100を超えるような多数の項目からなるものが少なくない。既存尺度の部分的な利用はなるべくしないほうがよいが，項目数の増加が回答者に与える負担を考えるとやむをえない場合も多い。部分的に利用する場合は，恣意的な選択をしないようにする。たとえば，尺度を構成する意味的なまとまり（因子）ごとにいくつか，事後の分析を考慮すれば極力3項目以上の代表的な項目を選択することなどが望ましい。

◆　研究者が独自に作成

　研究者が独自に項目を作成する場合もある，何をどのように質問するのか，先行研究に頼らず研究者にすべてが任される分，留意すべき事柄も多岐にわたる。調査でよく用いられる心理尺度の種類は第7章で詳説するので，ここでは文章表現（ワーディング）で注意すべき点をいくつか述べる。

(1)　簡潔かつ明確な表現

　質問項目は，誤解の生じにくい，簡潔かつ明確な表現にする。質問文自体が長いと，回答者のなかには全文をきちんと読まずに一部分にだけ反応して回答する場合もある（**Topic** 参照）ので注意する必要がある。さらに，曖昧な表現を使うと人による解釈の違いが生じてしまう。たとえば，ある商品の売り出し前に消費者対象のマーケティング調査を行う場面を考える。回答者の商品購買意欲を測定することを意図して次のような項目を作ったとして，そのワーディングにはどのような問題があるだろうか。

　　　「もし経済的な余裕があれば，この商品を購入してもよいと思いますか」

　この質問項目では，想定する「経済的余裕」の個人差が回答に影響することが考えられる。つまり，この聞き方では売り出しの際にどの程度の値づけをすればよいのか，なんの情報も得られない。

　　　「この商品を購入するとしたら，どの程度の金額を出せますか」
　　　「もし5万円であれば，この商品を購入してもよいと思いますか」

など，「経済的余裕」を回答者が自由に定義してしまわないような問い方をす

るべきであろう。
(2) 平易な言葉の利用

　誰にでも理解できる平易な言葉を使い，特殊，難解な用語や専門用語は使わないように注意する。省略語や学術用語，符丁などを使うと，回答者にとってはまったく意味不明となってしまう可能性がある。また，難読漢字にはふりがなを振る，別の言葉に置き換えるといった工夫も必要だろう。

(3) 回答を誘導しない

　回答を特定方向に誘導する可能性のある表現は避ける。特に注意すべきなのは，質問項目のなかに，研究者の予見や期待が含まれてしまうことである。この点でマスコミが実施する世論調査が批判の的になることがよくある。たとえば，次の2項目を比べてみよう。

> 「原発再稼働の是非が問われています。最近の有識者への調査では『資源のない日本では，電力不足のリスク回避のために原子力発電は必要である』との回答が8割に達していました。あなたは，十分な安全が確認できたならば，現在停止中の原発を再稼動すべきだと思いますか」
> 「原発再稼働の是非が問われています。東日本大震災以来，日本は地震の活動期に入ったといわれ，火山の噴火なども相次いでいて，原発付近で災害が発生する可能性は少なくありません。あなたは，十分な安全が確認できたならば，現在停止中の原発を再稼動すべきだと思いますか」

　おそらく両者では再稼働に対する意見比率が異なり，前者は賛成が，後者は反対が多くなるだろう。こうした質問の仕方は，回答者の評価を特定の方向に誘導する可能性がある。先に仮説を精緻に構築しておく必要性について言及した通り，研究者がある方向の予見をもって研究を実施するのは自然なことだが，回答者にもその方向づけを強いるような項目はアンフェアである。

(4) 1つの質問には1つの論点

　1つの質問項目は，ただ1つの論点だけを含むものとする。1つの質問文中で2つ（あるいはそれ以上）の質問が同時に行われることを**ダブルバーレル**と呼ぶ。例えば，

> 「私は，仲のよい友人とはひんぱんにメールのやりとりをしたり，一緒に食事に行ったりする」

という項目だと，メールのやりとりはよくする（あまりしない）が一緒に食事

第3章 調　査

に行くことはあまりない（よくある）という回答者は戸惑ってしまう。このような場合は，それぞれ別の質問項目を用意すればよい。

◆ 質問の配列と分量

　質問に対する反応に影響する要因は，質問項目の表現や形式ばかりではない。用意した質問項目群の配列も，回答傾向に影響を与える場合がある。

(1) 容易に回答できる質問を最初に

　調査票の冒頭には，回答者が調査全体に興味をもち，協力する気になるような質問を置く。はじめから答えにくい質問が並んでいると，回答者は緊張を強めたり，誠実に回答する意欲をそがれたりしてしまう。まずは誰でも簡単に答えられるような質問を置き，複雑だったり回答に熟慮を要するような質問は後ろにするほうがよい。

　回答者自身に関する情報（個人属性）を尋ねる質問群（フェイスシート）も調査票の最後に置くほうがよい。匿名の調査でも，あるいは性別や年齢といったごく一般的な属性であっても，プライベートな質問をすることが警戒心をかきたて，それが回答内容に影響することがあるからである。

(2) 質問のまとまりをつくる

　関連のある内容の質問はまとめて配置する。回答者は，個々の質問に関連する知識を想起しながら回答しているから，話題があちこちに飛んでしまうと回答しにくい。別の内容に移るときは，「ここからは××についてうかがいます」という前置きの文章を置くなど，回答者の頭の切り替えを容易にさせるような工夫もあってよい。

(3) 重要な質問は中ほどに

　重要な質問項目は，調査票の冒頭に置くのが適切ではないように，終端部に置くこともまた適切ではない。回答することに疲れたり飽きたりしている可能性があるからである。重要な質問は，回答にある程度慣れた中ほどに配置するのがよい。

(4) 質問の順序に注意

　質問の順序が回答内容に影響をおよぼさないよう注意する。前に置かれた質問によって後の回答が影響を受けることを**キャリーオーバー効果**と呼ぶ。たとえば，

「高齢者において，家族同居より一人暮らしの場合に，うつ病発症傾向が高いことを知っていますか」

という知識を問うた直後に，

「若者にとって一人暮らしはよい経験となると思いますか」

と尋ねると，事前に知識を問わない場合よりも否定的な回答が多くなることが考えられる。前後関係が回答に影響をおよぼすことが予想され，またそれを排除したい場合は，互いに離して置くなどの配慮が必要である。

◆ 調査票の作成

　調査項目がすべて揃い，その配列も決定したら，調査票を作成する。回答者の協力意図を高め，維持させるような，読みやすく回答しやすい構成を工夫したい。また，調査実施は，回答者の個人情報を取得することにほかならないので，その取り扱い方法をきちんと説明する「プライバシーポリシー」を明確に示し，了解を得る必要がある。取得内容によってその基準は異なるが，最低限，①結果はすべて統計的に処理され，個人の回答が生の形のままで外部に漏れることは一切ないこと，②結果を分析以外の用途（たとえば大学の授業場面で受講者を対象にする場合であれば成績評価など）にあてないことは冒頭で表明しておく必要があるだろう。また，回答を拒否したり中断したりするのは回答者の自由であり，そうすることによる不利益はないことも伝達したほうがよい。

　調査票作成の際に最も重要かつ基本的なことは，回答者に対する思いやりの気持ちをもつことである。自らの研究関心についてデータを収集するというわがままな行為に他者を巻き込むのだから，なるべく気持ちよく，互いに誤解のない形で，ありのままを素直に答えてもらえる環境を整えるべきである。ここまでに記してきた注意点はいずれもそれを満たすことを目標としている。調査票がいったん完成したら，大がかりにデータを収集する前に，自ら回答してみたり，小規模な対象に予備調査を実施して，よりよいものを練り上げる努力を惜しまないことを心がける。

第 3 章 調　査

3 対象者の選定

　どのような調査票を構成するのかと同じく，誰を調査対象とするのかも重要なポイントである．本章冒頭であげた 3 つの例（来場者アンケート，衆議院選挙の前調査，卒業論文の調査票）でいえば，あるイベントの参加者全員，当該衆議院選挙の有権者全員，その大学に在学する学生全員が対象者となりうる．こうした対象者全員が所属する集団のことを**母集団**と呼ぶ（第 **2** 章も参照）．
　まず決定する必要があるのは，母集団の構成員全員を調査するかどうかである．**全数調査**あるいは悉皆調査と呼ばれる，母集団全員を調査対象としうるケースはあまり多くない．前出例であれば，調査対象が「ある 1 日にある特定の場所で開かれるイベントに集まる人々」であれば，参加者全員に調査票を配布するのはそれほど困難ではないだろう．しかし，ある大学の学生全員を対象とした調査を一個人が実施するのはそうたやすいことではなく，衆院選の有権者全員であればさらにその困難度ははねあがり，ほぼ不可能である．こうした場合は，母集団から調査対象とする**標本**（**サンプル**）を抽出して，標本を対象として実施した調査（**標本調査**）のデータを分析することで母集団の状況を推測する，という手段をとる（第 **2** 章も参照）．
　先に述べた通り，社会調査では標本抽出において無作為抽出が用いられることが多い．無作為抽出とは，母集団から偏りなく，対象者の誰もが等確率で選ばれるようにする手法である．そこに研究者の意思が入り込む余地はない．たとえば有権者を対象とする投票行動に関する調査において，一般に政治関心が低く，投票に行かないことが多い若者ばかりを対象として調査を行うと，その結果から有権者全体という母集団を適切に推測することは難しいことは想像がつくだろう．こうした有権者調査は典型的な社会調査の 1 つだが，衆議院選挙の有権者を対象とした調査で無作為抽出を行う場合は，日本全国から人口バランスなどを考慮していくつかの地点を選び（この選択過程が多段階になる場合も多い），その地点の選挙管理委員会に出向いて選挙人名簿の閲覧を申請し，名簿から一定数の有権者を抽出する（有権者に番号を振り，一定間隔で対象者をピックアップすることが多い）という手続きを踏むのが通例である．

無作為抽出に対して，研究者の意思で便宜的に対象者を選ぶことを**有意抽出法**（第6章も参照）と呼ぶ。無作為抽出よりも圧倒的に容易に実施できるが，標本に偏りが生じやすく，母集団を代表しない危険性は非常に高い。しかし，現実の心理調査では，たとえば「ある大学の学生」という母集団の標本としてその大学で研究者自身が担当している講義の聴講者を選ぶなど，有意抽出法が用いられることがほとんどである。全数調査，あるいは無作為抽出による標本調査が理想ではあるが，現実的な制約によりそれが難しい場合が多い。選挙人名簿のような母集団構成員のリストが手に入りにくかったり，そもそもリストが存在しない場合もあるからである。また心理調査の目的が，社会調査とは異なり，社会全体の姿よりも個人の振る舞いと内面あるいは状況との関連を解き明かすところにあることからも，無作為抽出の必要性はあまり強調されない。となれば，無作為抽出がきわめて困難な場合は，有意抽出法を用いて，研究目的にかなった母集団をできるだけ代表するような標本を抽出するよう努力せよ，ということになる。ただし，その努力を怠らないこと，なるべく多様かつ多数の標本に対して調査を繰り返すこと，得られた結果が母集団の状況を正確に反映していないかもしれない可能性を意識することが，つねに必要である。

4 信頼性と妥当性

　調査において，心理尺度に対する回答から得られた結果に一貫性が見られるかどうかという**信頼性**（reliability）と，測定したいものをきちんと測定できているかどうかという**妥当性**（validity）が満たされていることは重要である。前者は測定の精度，後者は測定の有意味性を表す。村井（2012）は，アーチェリーの的を測定したい概念，測定するために用意した心理尺度の個々の項目による測定結果に矢をなぞらえて，両者の関連を直感的に説明している（図3-1）。aの場合，矢は的の中心に当たっておらず，またそれぞれバラバラな箇所に当たっている。これは信頼性と妥当性がともに低い状況である。bでは矢は的の中心を外しているが，特定の箇所に集中して当たっているので，信頼性は高いが妥当性は低い場合である。cでは4本の矢すべてが的の中心に当たっている。信頼性と妥当性がともに高い状況を指す。つまり，心理尺度の信頼性は妥当性

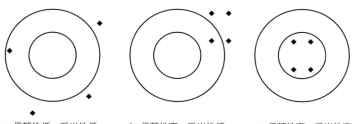

a. 信頼性低・妥当性低　　b. 信頼性高・妥当性低　　c. 信頼性高・妥当性高

（出所）村井, 2012 をもとに作成。

図 3-1　測定の信頼性と妥当性の関係

の必要条件だが，十分条件ではない。測定の精度が高いことは，必ずしもその測定の有意味性を保証しない。

信頼性

以下では，信頼性を検討する際の代表的な方法をいくつか概説する。

◆ 再検査法

時間をおいて繰り返し測定してもデータが安定している，つまり心理尺度が時間を超えた一貫性をもっているかどうかを検討する方法としては，同じ心理尺度による測定を同じ集団に対して時間をあけて 2 回実施して，両者の相関を求めるという再検査法がある。

◆ 平行テスト法

心理尺度に対する回答が，項目の文言のちょっとした違いに左右されないかどうかを検討する方法としては，項目の文言が異なる 2 種類の尺度を作成し，それを同一集団に実施して，両者の相関を求めるという平行テスト法がある。

◆ 折半法

平行テスト法と似た方法で，1 つの心理尺度を便宜的に 2 つに折半し，2 つの尺度であるようにして同一集団に実施して，両者の相関を求める。項目を前半と後半に分ける，奇数番号と偶数番号で分ける，といった方法が用いられることが多い。

◆ 信頼性係数の利用

1つの心理尺度を構成する項目間の相関の高さ（**内的整合性**）の指標として**信頼性係数**を求める方法もある。上記3つの方法より頻繁に用いられる。代表的なのがクロンバックの α 係数で，0〜1の値をとり，項目間の相関が高いほど，そして項目数が多いほど高くなる。

妥　当　性

妥当性は，信頼性とは異なり，測定対象となる概念との関係性を抜きにしては考えられない心理尺度の性質である。つまり，心理尺度を用いた測定によって収集されたデータから求められた得点が，研究者の測定しようとしている概念（**構成概念**）や理論と合致してはじめて，その尺度は妥当性が高いといえる。これを**構成概念妥当性**と呼ぶ。

「心理尺度の妥当性を検証する」と言うのは容易だが，実際にするのは決して簡単なことではない。たとえばある大学に入学するのにふさわしい人物を選ぶ尺度（つまり入試問題）の妥当性を検証するのとはやや事情が異なる。入試問題の妥当性であれば，なんらかの外的基準との相関（基準関連妥当性という）や入学後の学業成績との相関（予測的妥当性という），もしくは同時に実施したいくつかの科目の試験の成績間の相関（併存的妥当性という）を検討することによって，問題が尺度として妥当であるかどうかを検証することができる。しかし，村井（2012）が「終わりなき戦い」と形容するように，「個人の内面」という目に見えず互いの比較も難しいものを測定対象とする心理尺度の場合は，測定したいものをきちんと測定できているかどうかを「確認」するのはまるで雲をつかむような作業である。これまでの研究でよく用いられているのは，意味的に「ある程度」似通った概念を測定する心理尺度を複数同時に実施して，それらの間に「ある程度」の相関が認められれば併存的妥当性が検証された，とする方法だが，測定したいものを測定できているかどうかの確証を得るにはほど遠い。

このように困難さを伴う妥当性の検証だが，構成概念妥当性を検証するための1つの有力な方法として，その心理尺度が測定している（と考えられる）概念と関連の強い（と考えられる）行動の表出の程度との関連の程度を見ることがある。たとえば攻撃性を測定する心理尺度の構成概念妥当性を検証するため

に，回答者たちに対戦型ゲームをプレイさせて，プレイ中に出現する行動の頻度と攻撃性の得点の関連を見るといったやり方である。理論的に，攻撃性が高いと表出しやすいと予測される行動（敵を倒した後も攻撃をやめなかったり，自ら攻撃をしかけるなど）の出現頻度と攻撃性得点の間には正の相関が認められ，攻撃性との関連があまりないと予測される行動（味方を守ったり，エネルギーを補給するなど）の出現頻度との間には相関がなければ，心理尺度の測定対象である攻撃性の程度が，表出する攻撃的な行動とたしかに関連している，という構成概念妥当性の証拠を得ることができる。

5 より進んだ調査に向けて

最後に，概論にはあたらないが，調査に関わるいくつかのトピックについて簡単にまとめておく。

ネット調査　インターネットを用いた**ネット調査**は，印刷した調査票を配布するスタイルの調査よりもきわめて迅速かつ簡便にデータを収集できる。回答者にとっては，時間や場所，あるいは端末を選ばず参加できて，手軽である。研究者にとっては，データが電子化されたかたちで回収できるので至便である。

さらに，ネット調査では質問内容をダイナミックに変化させる仕掛けをほどこすのが容易である。たとえば，回答漏れがあった場合に警告を表示したり，直前の回答状況に応じて次の質問項目を変えたり，回答者ごとに質問の呈示順序をランダム化することでキャリーオーバー効果を相殺する処理も可能である。こうした点は，従来の手法ではきわめて困難な，より誤差の小さなデータを収集したいという研究者のニーズに合った特徴である。しかし一方では，対象者がネット利用者に限定されること，参加環境を統制できないことなどによる生じる問題点も指摘されている。前者はネット普及に伴いそれほど大きな問題ではなくなったが，後者についてはむしろ問題が大きくなっている懸念がある。この点についての詳細は **Topic** をご参照いただきたい。

5 より進んだ調査に向けて

データアーカイブの利用

データアーカイブとは，過去に実施された調査の個票データ（個々の調査票の記入内容）を収集・保管し，その散逸を防ぐとともに，学術目的での二次利用のために提供する事業である。こうしたデータを分析することで，新しい調査を企画する際に，既存の調査との比較可能性について検討したり，調査票にどのような質問事項を入れるべきかの参考にできる。社会調査では以前から活発に行われており，国際的な大規模比較調査であれば世界価値観調査（World Value Survey）のデータ公開（http://www.worldvaluessurvey.org/wvs.jsp），国内調査であれば東京大学社会科学研究所附属社会調査・データアーカイブ研究センターによる SSJDA（http://csrda.iss.u-tokyo.ac.jp）などが代表的である。また，個票データはないが，日本人の国民性調査は開始からすべての調査時点の集計データがオンラインで公開されている。

心理調査ではまだその試みは少ないが，近年では心理学においても研究手続きの透明性確保が求められるようになり，論文として公表された成果に関する調査票やデータを公開する動きが進んでいるので，今後そうすることが標準になる可能性が高い。

追試研究・メタ分析

調査に限った話ではないが，心理学における仮説の検証は研究の目的でありつついへん困難な試みである。限られた標本を対象に，絞り込んだ内容の調査票を用いて実施した心理調査データから得ることのできる情報，そしてそこから産み出すことのできる知識は限られている。つまり，研究を発展させるためには，多様な標本を対象として，必要に応じて調査票の内容を組み替えることもしながら知見を重ねていくことが重要である。そこで欠かせないのが，**追試研究**（先行研究の手続きを踏襲した研究を新たに実施して知見の再現可能性を検証すること；第 **4** 章参照）であり，**メタ分析**（同一のテーマについて蓄積されてきた多くの研究結果を総括し，全体としてどういう傾向を見出しうるのかを分析する手法）である。より確実な，再現可能性の高い知見の蓄積のためには，こうした試みを欠かすことができない。追試研究やメタ分析を可能かつ容易にするためにも，前項で述べたデータアーカイブの活用は有用である。

Topic

調査データの質を高める

●ネット回答者の「不注意」や「手抜き」を見抜く

本章で紹介した通り，ネット調査は実施コストが低いにもかかわらずデータに一定水準以上の量と質が期待できる手段として積極的に用いられるようになった。しかし，いつでもどこでもできる，手軽なお小遣い稼ぎの手段としてネット調査のモニタが募集され，登録者が激増したことによって，データの質が危ぶまれている。三浦・小林（2015）は，ネット調査における努力の最小限化（Satisfice；「不注意」「手抜き」を伴う回答行動）に注目し，問題文や質問項目をきちんと読まなければ適切に回答できない調査を実施することで，こうした行動の発生率や発生パターンを実験的に検討している。

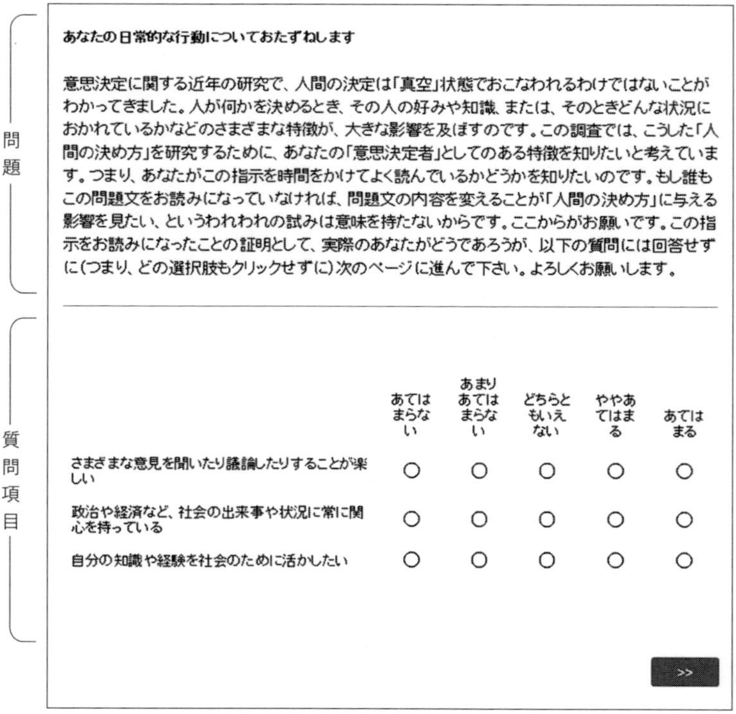

問題

あなたの日常的な行動についておたずねします

意思決定に関する近年の研究で、人間の決定は「真空」状態でおこなわれるわけではないことがわかってきました。人が何かを決めるとき、その人の好みや知識、または、そのときどんな状況におかれているかなどのさまざまな特徴が、大きな影響を及ぼすのです。この調査では、こうした「人間の決め方」を研究するために、あなたの「意思決定者」としてのある特徴を知りたいと考えています。つまり、あなたがこの指示を時間をかけてよく読んでいるかどうかを知りたいのです。もし誰もこの問題文をお読みになっていなければ、問題文の内容を変えることが「人間の決め方」に与える影響を見たい、というわれわれの試みは意味を持たないからです。ここからがお願いです。この指示をお読みになったことの証明として、実際のあなたがどうであろうが、以下の質問には回答せずに（つまり、どの選択肢もクリックせずに）次のページに進んで下さい。よろしくお願いします。

質問項目

	あてはまらない	あまりあてはまらない	どちらともいえない	ややあてはまる	あてはまる
さまざまな意見を聞いたり議論したりすることが楽しい	○	○	○	○	○
政治や経済など、社会の出来事や状況に常に関心を持っている	○	○	○	○	○
自分の知識や経験を社会のために活かしたい	○	○	○	○	○

>>

（出所）　三浦・小林（2015）から抜粋。

図3-2　「問題文をきちんと読まなければ適切な回答ができない」設問

この研究では，ネット調査会社2社の登録モニタを対象として，次のような2段階の実験的な調査を行っている。まず「問題文をきちんと最後まで読まないと正しく回答できない」項目（図3-2参照）を含む調査が実施され，その正誤により努力の最小限化傾向をもつモニタが検出された。図の問題文をよく読むと，その下の質問項目には「回答しない」（選択肢をクリックしない）ことが求められているのだが，2社ともに過半数（1社はじつに80%以上）がいずれかの選択肢を選んで質問項目に「回答」していた。

　次に，同じモニタに対して，性格テストなどでよく用いられるリッカート尺度（第7章第4節参照）の項目を含む調査への協力が依頼された。このなかに，努力の最小限化を測定する「この質問は一番左（右）の選択肢を選んでください」の2項目が含まれていた。それぞれの項目に対する回答として，一番左（右）の選択肢を選択したモニタ以外は，質問項目をきちんと読んでいないと考えられる。分析の結果，こうした努力の最小限化は，問題文をきちんと読まないモニタにおいて多く発生しており，きちんと読んだモニタでは発生率がかなり低いことが示されている。

　本研究は，特に長尺な文章を読ませるような調査では努力の最小限化をする回答者が多発することと，それをあらかじめスクリーニングすることで努力の最小限化の含まれにくいデータを得やすくなる可能性を実証したものである。

第4章 実　験

LEARNING OBJECTIVE

- ✓ 仮説を実験により検証する方法を学ぶ
- ✓ 研究計画を立てる際に必要な手順を学ぶ
- ✓ 実験計画（デザイン）の代表例を知る
- ✓ 実験の実施にあたって注意すべき点を学ぶ

KEYWORD

実験計画　実験デザイン　仮説　反証可能性　操作的定義　要因　独立変数　従属変数　水準　剰余変数　交絡　参加者間変数　参加者内変数　1要因の実験計画　繰り返し測定計画　ブロック化　多要因の実験計画　要因計画　主効果　交互作用　分散分析法　統制　マッチング　測度　実験者効果　ブラインド法　盲検法　効果量　再現可能性

第4章 実　験

1 心理学における実験

実験とは　心理学の実験とは，人の特定の行動や心の働きを規定する要因（原因）は何かをあらかじめ仮定し，その仮定にもとづいて規定要因を具体的に操作し，その行動に変化があるかどうかの効果（結果）を検証する，つまり因果関係を検証する方法である。実験は，行動の規定要因をかなり単純化し，意図的にその規定要因を操作し，その効果を客観的に測定できるので，因果関係の明らかな知識を得ることができる。しかし，その一方で，日常場面での実施は難しく，特別に実験室や実験場面を用意する必要がある。

研究計画の流れ　心理学の研究計画では，まず研究のテーマ，すなわち，「何を研究するのか」という問題の設定が必要である。実験を計画する際にもまず問題を設定することから始める。たとえば，日常生活のなかの偶然の観察や予備の観察から「どのようなメカニズムで起こっているのか」「どのような要因が行動に影響を与えるのか」などを探究したい，あるいは，人の心理や行動傾向を知り社会的な問題に対処する方策を考えたいなどが問題設定の始まりとなる。次に，何を研究したいかが確認できたら，同じような研究テーマの先行研究を調べるとよい。実験を行っている論文を読むのも大事だが，やりたい研究テーマについてまとめたレビューを読み，レビューに引用されている文献を自分で探して読むことでテーマを掘り下げることもできる。そのような作業を経て，先行研究の結果をもとに，さらに研究を発展させる，あるいは，反証するための**実験計画**（または**実験デザイン**〔experimental design〕第2節に詳述）を立てる。

　問題の確認ができたら，次は具体的に実験の計画を進めていく段階である（図4-1）。実験計画の流れをまとめると，研究仮説を設定（次項参照）し，実験計画を準備し（第2節参照），実験を実施する（第3節参照）。実施後は，得られた実験の結果から，統計的検定を行い，仮説を検証する（第4節参照）。そして，最後に実験の結果をレポートや論文にまとめて報告する。

1 心理学における実験

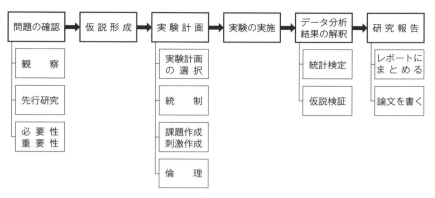

図 4-1 研究計画の流れ

研究仮説の形成　上述したように，実験では行動の規定要因について仮定してそれを検証するが，この際の仮定が**仮説**である。仮説とは，「この行動はこのようなことが原因で起こっているのではないか」という仮の説明のことである。実験では必ず仮説を立て，その仮説を検証するための実験を行い，実験の結果により仮説が支持できるかどうかを考察する。

仮説には，**反証可能性**（falsifiability）があることが大切である。反証可能性とは，これから検証しようとする仮説が，測定結果や事例によって否定または反論できる可能性があることである。反証可能性のない簡単な例をあげると，以下のような場合が考えられる。

　　仮説1　「明日は雨が降るか，降らないかのどちらかである」
　　　→　明日は必ずどちらかの場合になるので反証可能性がない
　　仮説2　「大学に合格できたのは神様のおかげである」
　　　→　神様の存在は証明できないので仮説の検証が不可能であり，反証可能性がない
　　仮説3　「異常行動は，その人が子どものときの精神的トラウマが原因である」
　　　→　異常行動の原因となりうるものが多すぎて特定が困難であり，仮説の検証が事実上不可能であり，反証可能性がない

仮説1や仮説2はわかりやすい例なので反証可能性がないことは明らかだが，心理学において仮説3のような事例は少なからずあるので，仮説を立てるとき

69

には留意することが必要である。また，実験を始める前に，仮説を証明することによりどのような結論が得られるか予測を立て，それがどのように理論やモデルとして展開できるのかについても考えておくとよい。

以上で述べた仮説は研究仮説であり，統計的仮説とは異なるので，混同しないように注意が必要である。仮説を検証する実験では，研究仮説をもとに統計的仮説である帰無仮説 H_0 と対立仮説 H_1 を導き，実験実施後の統計的検定により帰無仮説を棄却し対立仮説を採択できるかを推定した後に，研究仮説を検証できたかどうかを考察する（第 **2** 章参照）。

操作的定義

心理学は，「記憶」「不安」「性格」「知能」「自尊心」など，外からは観察できない人の心の働きを研究対象にしている。このような心理学の抽象的概念は，研究者により定義が異なっていたり，使われる文脈や状況が異なると意味が変わってしまったり，多義的で曖昧なものになりがちである。そこで，そのような曖昧さや意味の相違を避けるために**操作的定義**（operational definition）を行う。操作的定義とは，概念を，手続きや測度（第 **3** 節参照）により定義することであり，たとえば，下記のような例で説明できる。

　　　例1　知能を知能検査の得点で定義する
　　　　　ウェクスラー成人知能検査の言語性課題の成績が良い ＝ 言語性知能が高い
　　　　　ウェクスラー成人知能検査の動作性課題の成績が良い ＝ 動作性知能が高い
　　　例2　事例とカテゴリの間の意味的結びつきの強さを反応時間で定義する
　　　　　「カラスは鳥である」という文章の正誤判断にかかる時間が短い
　　　　　＝ 意味的結びつきが強い
　　　　　「カラスは動物である」という文章の正誤判断にかかる時間が長い
　　　　　＝ 意味的結びつきが弱い

2 実験計画（デザイン）

独立変数と従属変数

実験においては，行動を規定する**要因**が**独立変数**となり，それを操作することにより観察された効果が

従属変数となる。独立変数は，通常は実験者が操作する条件であるが，実験参加者の特性（性別，年齢，性格特性，知能指数〔IQ〕など）も独立変数にすることができる。1つの独立変数には複数の設定条件があり，設定条件のことを**水準**（level），その数を水準数と呼ぶ。従属変数は，独立変数の操作により観察された効果であり，実験においては測度による測定値がこれにあたる。測度の種類は単一（反応時間のみなど）でも複数（反応時間と正答数と主観的気分の評価など）でもよい。たとえば，年代（20代と70代）を独立変数として，動物の名前や「あ」で始まる単語などを再生させる意味記憶課題を行い，思い出せた単語数に年代の差があるかどうかを検討する実験計画を立てたとする（表4-1）。この実験計画では，独立変数（要因A）は年代であり，20代と70代の2条件あるので水準数は2である。実験では，各条件8名ずつとして，再生できた単語数を従属変数としてデータを収集し，各条件（水準）の平均値を統計的に比較する。

　独立変数と従属変数以外に注意しなければいけないのは剰余変数の存在である。**剰余変数**（extraneous〔nuisance〕variable）は，二次変数とも呼ばれ，独立変数以外になんらかの影響を従属変数におよぼす可能性のある変数である。たとえば，表4-1の計画では，性別は剰余変数になる可能性がある。独立変数と剰余変数の**交絡**（confounding）とは，実験結果が独立変数の操作の結果なのか剰余変数の影響なのか結論できなくなることである。実験計画の段階で剰余変数を除去できる場合は除去することが望ましいが，除去できない場合には，統制（第3節「統制」の項を参照）することが必要である。

表 4-1　意味記憶課題の実験例

データ	要因A：年代	
	a1：20代	a2：70代
	男1	男5
	男2	男6
	男3	男7
	男4	男8
	女1	女5
	女2	女6
	女3	女7
	女4	女8
平均	$\bar{X}_1$	$\bar{X}_2$

表 4-2　実験参加者の割り当て方事例

選択方法	独立変数
参加者間変数を選択	
●異なる特性をもつ参加者間の比較をする場合	
例1　男性と女性の比較	性別
例2　記憶障害の患者と健常者の比較	障害の有無
●異なる条件を個人が両方体験すると実験に影響する場合	
例3　デセプション(だますこと)の手続きがある場合とない場合の比較	デセプションの有無
例4　繰り返し覚える記憶方略とイメージして覚える記憶方略の比較	記憶方略
参加者内変数を選択	
●個人内の変化を重視したい場合	
例5　ストレス負荷時と緩和時の自律神経系の反応の比較	ストレス付加の有無
例6　他者がいるときといないときでの作業量の比較	他者の有無
●個人内でも異なる条件では反応が違うことを示したい場合	
例7　ストループ課題の一致条件と不一致条件の比較	刺激呈示の種類
例8　矢羽根の角度が30°と60°のミューラーリヤー図形の錯視量の比較	矢羽根の角度

(注)　例はすべて独立変数は1(1要因),処理水準数は2とした。

実験参加者の割り当て方

異なる参加者を異なる条件に割り当てる場合は,独立変数は**参加者間変数**(between participants〔groups〕variable)と呼ばれる。被験者間変数,対応のない場合,繰り返しのない場合などと呼ばれる場合もある。表4-1の例では,独立変数は参加者間変数となる。また,同じ参加者を異なる条件に割り当てる場合は,独立変数は**参加者内変数**(within participant variable)と呼ばれる。被験者内変数,対応のある場合,繰り返しのある場合などと呼ばれる場合もある。参加者間変数と参加者内変数の決め方は研究の目的により異なるので実験計画に合わせて割り当て方を考えるのがよい(表4-2)。

1要因の実験計画

1個の独立変数を操作し,従属変数への効果を検討する実験計画は,**1要因の実験計画**と呼ばれる。これは,1要因参加者間計画(または完全無作為化計画〔completely randomized design〕)と,1要因参加者内計画(または乱塊法〔randomized block design〕)の2種類がある(表4-3)。

1要因参加者間計画(または完全無作為化計画)では,実験参加者は無作為に異なる水準に割り当てられるので,独立変数は参加者間変数である(表4-3,表4-4)。表4-4の例は,上述した表4-1の実験計画の独立変数(年代)は変わ

2 実験計画（デザイン）

表 4-3　実験計画の例

要因数	実験計画	独立変数			本章での例
		要因A	要因B	要因C	
1要因	1要因参加者間計画 または完全無作為化計画	間			年代を独立変数として単語の意味記憶検査を行う
	1要因参加者内計画 または乱塊法	内			1. 呈示刺激の種類を独立変数としてストループ課題を行う 2. 言語性知能でブロック化し，英語の教授法の効果を見る
2要因	2要因参加者間計画 または完全無作為化要因計画	間	間		年代と性別を独立変数として単語の意味記憶検査を行う
	2要因混合計画 または分割プロット要因計画	間	内		再生までの時間と系列位置を独立変数として単語リスト学習を行う
	2要因参加者内計画 または乱塊要因計画	内	内		矢羽根の角度と長さを独立変数としてミューラーリヤー図形の錯視量を測定する
3要因	3要因参加者間計画 または完全無作為化要因計画	間	間	間	例示なし
	3要因混合計画 または分割プロット要因計画	間	間	内	
	3要因混合計画 または分割プロット要因計画	間	内	内	
	3要因参加者内計画 または乱塊要因計画	内	内	内	

（注）「間」は参加者間変数を，「内」は参加者内変数を意味する。

らず，条件を1つ増やして水準数を3にした計画例である。

1要因参加者内計画で，同じ参加者を異なる条件に割り当てる場合は，**繰り返し測定計画**と呼ばれる。この計画の場合，独立変数は参加者内変数である（表4-3，表4-5）。表4-5は，ストループ効果（Stroop, 1935）を検討する実験計画例だが，一致条件（「あか」の文字が赤色に印字など），不一致条件（「あか」の文字が青色で印字など），統制条件（四角形が赤色で印刷など）の3条件を設定し，反応時間や誤答数を従属変数として実験を行う計画である。表4-4と比較するとわかるが，この計画では，実験参加者はa1〜a3のすべての条件を行うので，要因Aは参加者内変数である。

また，もう1つの方法は，参加者を特定の剰余変数にもとづいてまとめ（**ブロック化**という），各ブロック内から各条件に割り当てる計画であり，乱塊法という呼称の由来となった方法である（表4-3，表4-6a，表4-6b）。同一の参加者

第4章 実　験

表 4-4　1要因参加者間計画（完全無作為化法）の例

	要因 A：年代		
	a1：20代	a2：50代	a3：70代
データ	P1 P2 P3 P4 P5 P6 P7 P8	P9 P10 P11 P12 P13 P14 P15 P16	P17 P18 P19 P20 P21 P22 P23 P24

（注）　独立変数（要因A）は年代，処理水準数は3，従属変数は再生単語数である。Pは参加者を意味する。

表 4-5　1要因参加者内計画（乱塊法）の例1

	要因 A：刺激呈示の種類		
	a1：一致	a2：不一致	a3：統制
データ	P1 P2 P3 P4 P5 P6 P7 P8	P1 P2 P3 P4 P5 P6 P7 P8	P1 P2 P3 P4 P5 P6 P7 P8

（注）　独立変数（要因A）は刺激呈示の種類，処理水準数は3，従属変数は反応時間や誤答数である。Pは参加者を意味する。

に，何度も異なる条件を経験させることが実験計画上困難な場合や，参加者の個人差が大きいことが懸念される場合には，この方法を用いると問題が軽減される。表4-6の例では，要因Aは英語の教授方法，水準数は3であり，英語テストの得点を従属変数として，教授方法の効果を検討する実験計画である。あらかじめ言語的な知能を測る知能テストを行い，そのIQ得点によりブロック化して（表4-6a），各条件に割り当てている（表4-6b）。この方法は1要因参加者内計画と同じ統計的方法を適用することができる。

2 実験計画（デザイン）

表4-6a　ブロックの例

言語性IQ	ブロック	参加者		
90未満	1	P1	P2	P3
90-100	2	P4	P5	P6
100-110	3	P7	P8	P9
110-120	4	P10	P11	P12
120以上	5	P13	P14	P15

表4-6b　1要因参加者内計画（乱塊法）の例2

	要因A：教授法		
	a1：教授法1	a2：教授法2	a3：教授法3
データ	P1	P3	P2
	P6	P5	P4
	P8	P9	P7
	P10	P11	P12
	P15	P13	P14

（注）独立変数（要因A）は教授法，処理水準数は3，従属変数は英語テスト得点である。Pは参加者を意味する。

多要因の実験計画

2つ以上の独立変数が，従属変数に与える効果を見るという**多要因の実験計画**は，要因計画（factorial design）とも呼ばれる。多要因の実験計画には，参加者間計画（または完全無作為化要因計画），混合計画（または分割プロット要因計画），参加者内計画（または乱塊要因計画）の3種類がある（表4-3）。以下，説明は2要因の場合で行う。

2要因参加者間計画で，それぞれの要因の各水準に異なる実験参加者が無作為に割り当てられる場合は，完全無作為化要因計画と呼ばれる（表4-3，表4-7）。各要因は参加者間変数である。表4-7の例では，年代（20代，50代，70代）と性別（男，女）を独立変数として意味記憶課題を行う実験計画である。独立変数は年代と性別であり，水準数はそれぞれ3と2であり，異なる実験参加者が割り当てられるので，2要因とも参加者間変数である。従属変数は反応時間である。

2要因混合計画（または分割プロット要因計画）では，要因Aの各水準に異なる実験参加者が無作為に割り当てられる。要因Bには，同一の実験参加者がすべての水準に参加しているか，もしくは，特定の剰余変数にもとづいて実験

表 4-7　2 要因参加者間計画（完全無作為化要因計画）の例

要因A：年代	a1：20代		a2：50代		a3：70代	
要因B：性別	b1：男	b2：女	b1：男	b2：女	b1：男	b2：女
データ	P1	P6	P11	P16	P21	P26
	P2	P7	P12	P17	P22	P27
	P3	P8	P13	P18	P23	P28
	P4	P9	P14	P19	P24	P29
	P5	P10	P15	P20	P25	P30

（注）独立変数は年代（要因 A）と性別（要因 B），処理水準数は要因 A は 3，要因 B は 2，従属変数は再生単語数である。P は参加者を意味する。

表 4-8　2 要因混合計画（分割プロット要因計画）の例

要因A：再生方法	a1：直後再生			a2：遅延再生		
要因B：系列位置	b1：初頭	b2：中間	b3：終末	b1：初頭	b2：中間	b3：終末
データ	P1	P1	P1	P6	P6	P6
	P2	P2	P2	P7	P7	P7
	P3	P3	P3	P8	P8	P8
	P4	P4	P4	P9	P9	P9
	P5	P5	P5	P10	P10	P10

（注）独立変数は再生方法（要因 A）と単語リストの系列位置（要因 B），処理水準数は要因 A は 3，要因 B は 2，従属変数は再生単語数である。P は参加者を意味する。

参加者をブロック化し，そのブロック内の実験参加者が各水準に無作為に割り当てられる。独立変数 A が参加者間変数，独立変数 B が参加者内変数となる（表 4-3，表 4-8）。表 4-8 の例は，単語学習による系列位置効果（Glanzer & Cunitz, 1966；一連のリストを学習すると，リストの初頭部と終末部が特によく記憶される現象）を扱った実験例である。要因 A は再生方法で，15 個の単語リスト提示後にすぐ再生する直後再生群と暗算後に再生する遅延再生群に異なる参加者を割り当てる。要因 B は系列位置であり，単語リストの初頭部（1 番目），中間部（8 番目），終末部（15 番目）の 3 位置である。従属変数は単語再生成績である。要因 A は，異なる参加者が割り当てられるので参加者間変数（水準数 2），要因 B は同じ参加者の異なる系列位置なので参加者内変数（水準数 3）である。

2 要因参加者内計画（乱塊要因計画）では，要因 A も要因 B も同一の参加者がすべての水準に参加しているか，もしくは，特定の剰余変数にもとづいて参

2 実験計画（デザイン）

図 4-2　ミューラーリヤー錯視

等しい長さで描かれた a. と b. の主線が異なる長さに感じられる錯視である。物理的な長さと主観的な長さの差が「錯視量」であり，矢羽根の角度と長さにより変化する。

表 4-9　2 要因参加者内計画（乱塊要因計画）の例

要因A:角度	a1：30°			a2：45°			a3：60°		
要因B:長さ	b1:短	b2:中	b3:長	b1:短	b2:中	b3:長	b1:短	b2:中	b3:長
データ	P1 P2 P3 P4 P5	P1 P2 P3 P4 P5	P1 P2 P3 P4 P5	P1 P2 P3 P4 P5	P1 P2 P3 P4 P5	P1 P2 P3 P4 P5	P1 P2 P3 P4 P5	P1 P2 P3 P4 P5	P1 P2 P3 P4 P5

（注）　独立変数は矢羽根の角度（要因 A）と長さ（要因 B），処理水準数は要因 A は 3，要因 B は 3 である。従属変数は錯視量（mm）である。P は参加者を意味する。

加者をブロック化しそのブロック内の実験参加者が各水準に無作為に割り当てられている。独立変数 A，B ともに参加者内変数である（表 4-3，表 4-9）。表 4-9 の例はミューラーリヤー図形（図 4-2）を用いて，矢羽根の角度と長さを変化させたときに錯視量が変化するかどうかを検討する実験計画である。要因 A は矢羽根の角度（30°，45°，60°）で，要因 B は矢羽根の長さ（短，中，長）である。従属変数は錯視量（mm）であり，要因 A と B は同じ参加者が割り当てられるので参加者内変数，水準数は要因 A，B とも 3 となる。

多要因の実験計画では，個々の独立変数が従属変数に与える**主効果**以外に，複数の独立変数の相互作用が従属変数に与える影響を検討しなければならない。このような複数の独立変数の相互作用のことを**交互作用**（interaction）と呼ぶ。2 要因の実験計画を例にあげると，要因 A のみ，または要因 B のみの操作では効果がなく，2 つの要因の組み合わせで初めて現れる効果のことである。交互作用を喩えていうと，薬の飲み合わせのようなもので，薬 A（抗アレルギー薬）を飲むとアレルギーの緩和に効果，薬 B（抗生物質）を飲むと風邪症状の緩和

第4章 実　験

に効果，薬 A と薬 B を同時に飲むと，副作用として A，B の薬の効果がなくなり，心臓に大きな負担がかかるという身体影響が現れるというようなことである．2 要因の実験計画では 2 つの独立変数の交互作用（A×B）の効果を検討するだけでよいが，3 要因計画では 3 つ独立変数（A, B, C）があるので，交互作用は，A×B，A×C，B×C の 1 次の交互作用と，A×B×C の 2 次の交互作用の効果を検討しなければならない．

1 要因や多要因の実験計画による結果を分析する統計的検定は，**分散分析法**（analysis of variance；ANOVA）であるが，本章では実際の計算は解説しないので，実験計画法とその分析について述べた統計学の本を参照してほしい．

単一事例実験　　単一事例実験とは，$N=1$ 実験または単一参加者実験とも呼ばれ，1 名の実験参加者について研究者が独立変数を操作し，個人の行動の変化を独立変数の操作前（ベースライン期）と操作後（処遇期）に比較する実験計画のことである．単一参加者実験には，ABA デザイン（ABA design；図 4-3 上）や ABAB デザイン（ABAB design；図 4-2 下）などがある．図 4-3 例では，ベースライン期を A，処理期を B とし，ABA または ABAB の順番で各時期に n 回の観察（$O_1, \cdots, O_n$）を行う．観察とは，たとえば，ある特定の行動や反応の頻度を数えるなどである．この方法は，臨床心理学や教育心理学の分野で広く用いられている．

	A: ベースライン期	B: 処理期	A: ベースライン期	
観察対象者	$O_1, O_2, \ldots, O_i$	$O_{i+1}, O_{i+2}, \ldots, O_{i'}$	$O_{i'+1}, O_{i'+2}, \ldots, O_n$	

	A: ベースライン期	B: 処理期	A: ベースライン期	B: 処理期
観察対象者	$O_1, O_2, \ldots, O_i$	$O_{i+1}, O_{i+2}, \ldots, O_{i'}$	$O_{i'+1}, O_{i'+2}, \ldots, O_{i''}$	$O_{i''+1}, O_{i''+2}, \ldots, O_n$

（出所）　Kirk（1995）を一部改変．

図 4-3　実験デザインの例（上：ABA デザイン　下：ABAB デザイン）

3 実験実施の準備

統　制

統制（control）とは，実験において，独立変数の操作の結果従属変数が変化したのかどうかを判定するために必要である。そのために，通常，実験者によって独立変数の操作を受けた実験参加者のグループである実験群と，操作を受けないが他の点ではできるだけ実験群と同じである実験参加者のグループである統制群を設ける。個人内での実験的操作（独立変数の操作）前後の変化を検討する場合には，独立変数の操作前のベースライン状態を測定しておかなければならない。たとえば，気分変化の測定時に，実験開始前の気分（ベースライン）と実験中や終了後の気分を測定する。または，脳波などの測定時に，安静期（ベースライン）と実験操作期の脳波を測定するなどである。

統制は，剰余変数との交絡を避けるために必要である。実験参加者の性別，年齢，教育歴，知能，なんらかの経験の有無などは剰余変数になりやすいのであらかじめ統制しておかなければならない。表 4-1 の例では，性別が剰余変数にならないように各年代条件に男女を同数ずつ配置し統制を行っている。剰余変数が除去できない場合に，恒常に保つ（雑音が除去できないので，一定の音をつねに BGM にするなど），独立変数に格上げする（性別を統制しないで独立変数にするなど。表 4-1, 表 4-7 参照），ブロック化する（知能など。表 4-6a，表 4-6b 参照），均衡化（カウンターバランス）するなど方法があるので，実験実施の前に検討が必要である。

均衡化でよく行われるのは，実験参加者の釣り合わせ（**マッチング**という）と順序効果の相殺である。実験参加者を等質にするために，偏りのない標本（サンプル）集団であることは重要なので，実験参加者の選択では無作為に条件群に配置するのが基本である。場合によっては，実験参加者の釣り合わせを行い，参加者の経験や能力が実験群だけまたは統制群だけに偏らないようにする。たとえば，英語教授法の効果を検討する場合に言語性知能で釣り合わせる，メロディ認知の実験を行う際に楽器演奏経験年数で釣り合わせるなど実験の結果に影響しそうな参加者特性をあらかじめどの群にも配置するなどブロック化を行

う（表 4-6a，表 4-6b 参照）。

　順序効果とは，刺激呈示の際に，呈示順序によって生じる影響のことをいう。たとえば，すべての参加者に顔写真 A, B, C を同じ順番で呈示して対人印象を測定すると，つねに顔写真 A の印象がよくなる（または悪くなる）という効果が生じ，順序効果を刺激自体の効果と混同してしまう可能性がある。そこで，ある参加者には A → B → C の順，他の参加者には C → A → B の順に呈示するなどして順序効果を相殺する手続きをとる。

　また，場合によっては擬似的実験群を第 2 の統制群としてもうける場合がある。プラシーボ効果とは，Beecher（1955）により報告されてから有名になった効果であるが，薬理的効果がない偽薬（placebo）を薬と称して処方しても，「薬の効果」が現れることである。たとえば，鎮痛薬と称してビタミン剤を処方しても痛みが和らぐなどの効果のことである。薬理的な効果の検討以外でも，治療効果や身体への影響がある可能性がある場合，つまり，プラシーボ効果が予想される場合は，実験群と通常の統制群の他に，擬似的実験操作を加える群（偽薬群）を設定する必要がある。たとえば，カフェインが作業能率に与える効果を検討する実験で，実験群（カフェインのあるコーヒーを飲む）と統制群（飲まない）の他に，偽薬群（カフェインレスのコーヒーを飲む）の 3 群を設定し効果を比較するなどの手続きをとることである。

測　度

　実験の代表的な**測度**は，反応時間（刺激呈示から反応までの時間。反応潜時ともいう）や反応頻度（反応の回数）の計数測定である。実験では参加者の反応数や正答数・誤答数を計測し，そこから正答率や誤反応率が算出できる。

　他によく使用される測度としては，評定量がある。評定量は，5 件法や 7 件法などのように，程度を段階にして評定する方法である（第 7 章も参照）。一方向に程度を強くする場合，両極の程度を強くする場合，一定の長さ（たとえば 10cm）の線分上の任意の箇所で程度を表す視覚的アナログスケール（visual analogue scale；VAS）の場合などがある。その他にも，精神物理学的測度，文章生成や描画や反応の内容分析などの質的測度，自律神経系の反応（心拍率・血圧・呼吸・皮膚電気活動など），視覚運動系反応（眼球運動・瞬目反応），生理的指標（コルチゾールや唾液アミラーゼなど），中枢神経系の活動の記録として脳電図

(electroencephalograph；EEG）や神経画像法（neuro-imaging），など多くある。実験に用いられる測度は非常に範囲が広く，測定が比較的簡単なものから特別の測定装置を用いるものまでさまざまなので，研究計画の段階で十分考慮する必要がある。

刺激の作成

心理学の実験は，視覚刺激（静止画像，動画像など）や聴覚刺激（音声，音楽など）のようなさまざまな刺激材料を用いて行う。視覚刺激や聴覚刺激の作成には，刺激を作成，刺激を編集，刺激の管理の段階がある。刺激の作成段階では，撮影や録音その他の手段により刺激を作成する。次に編集の段階では，画像編集ソフトウェア，音編集ソフトウェアなどにより不必要な部分を削除したり，合成したりして刺激の編集を行う。そして，管理の段階では，やはりソフトウェアなどを使用してファイルのサイズや種類を管理する。視覚刺激の大きさについては，論文などで視角（visual angle）で表記されている場合がある。このような場合には実験室の刺激呈示環境に応じて刺激の大きさを求め，実験に用いることが必要である（詳しくは，久本・関口，2011）。

　刺激を自分で作成する際に最も注意しなければならないのは，下記のような点である。第1に，画像・絵画・音楽などの著作権を侵害しないことである。第2に，商用CD，DVD，BR，YouTubeの音楽と動画を無断コピーして使用してはならない。第3に，個人の顔写真などの撮影とその使用に関しては，個人のプライバシーや肖像権を守るようにする。第4に，刺激作成に使用するソフトウェアのうち有料の商用ソフトウェアの違法コピー使用はしてはならない。第5に，心理学実験に用いられる刺激のなかには，webで公開され，研究目的に使用するのであれば無料でダウンロードできる場合もあり，また刺激作成者や研究者に連絡し使用許可を求めれば研究用ならば使用できる場合もあるので，このような刺激セットを活用するには適切な対応を行う必要がある。

課題の作成

心理学の実験では，刺激呈示の時間（ミリ秒や秒単位）や順序のコントロールが必要になる場合や反応頻度や反応時間の計測が必要な場合がある。このような場合には，パソコンによる実験の制御を行う必要があり，実験制御のために，プログラミング言語に

よる課題作成や実験開発ソフトウェアによる課題作成が必要になってくる。

プログラミング言語による課題作成でよく使用されるのは，Microsoft 社の Visual Basic Express（VB）や Microsoft Office 用の Visual Basic for Applications（VBA），MathWorks 社の MATLAB などである。実験開発ソフトウェアによる課題作成でよく使用されるのは，Cedrus 社の SuperLab や Psychology Software Tools 社の E-Prime，オープンソースの PsychoPy（Peirce, 2007）などがある。プログラミング言語により課題を作成するにはまずプログラミング言語の習得に時間がかかるが，課題を目的に合わせて自由に作成できるという利点がある。一方，ソフトウェアにより課題作成するほうが習得が簡単で時間もかからないが，ソフトウェアをインストールしたパソコンでなければ実験を行えない。

刺激呈示に際しては，刺激呈示時間をミリ秒単位で制御する場合は，モニタの性能（応答速度など）や制御するパソコンの性能（CPU やメモリなど）に依存するので，確認が必要である。特に，モニタにより呈示色や刺激呈示時間はかなり異なるので確認する必要がある。また，モニタのどの位置に呈示するかが決まっている場合は，視角から刺激の大きさを計算する。聴覚刺激の呈示では，刺激のレベルを一定にする，ノイズをできるだけ除去するなどが必要である。

心理実験における倫理　　心理学研究の目的は，人間のさまざまな心理特性について科学的に調べ，私たちの知識を増大させることにある。しかし，探究心のあまり無理な研究計画を立て，参加者に心理的または身体的危害や負担をかけるようなことがあってはならない。そこで，実験を計画・実施する際には，計画に倫理的な問題がないかどうかをチェックすることが重要となる。

研究計画の段階で，倫理的に問題のある手続きを含んでいないかをチェックしてみることが大切である。倫理的に問題のある手続きを含む場合には，その手続きを回避することができないか実験前に十分吟味する。また，回避できない場合は，実験・調査参加者への説明，書面による同意，実験後の事後説明についての手続きを行うようにする。重大な倫理的問題を含むかどうか個人的に判断できない場合は，研究機関における倫理審査委員会のような公的な組織に判断を求めることが必要である。

実施の段階では，どのような実験であっても参加者が途中で止めたくなった

り身体の調子が悪くなったりする可能性を考え，実験開始前に途中で止めてもよいことを告げることが必要である（第9章も参照）。

4 実験の注意点

実験者の注意点　Barber（1976 古崎監訳 1980）は，「実験者の陥る落とし穴」の1つとして，実験者の個人的属性や無意図的な期待が実験参加者に影響を与えることを指摘している。特に，実験者が実験群の参加者へ期待をすることで，統制群より成績が向上する効果は**実験者効果**と呼ばれている。

実験者効果への対策としては**ブラインド法**（**盲検法**）が代表的である。通常，実験では必ず，実験参加者がどの群に配置されるか知らされない単一ブラインド法（または単一盲検法）をとる。もし手続き上可能なら，実験者の期待が参加者に反映する実験者効果を避けるために，実験者にも統制群と実験群の区別を知らせないという二重ブラインド法（または二重盲検法）をとるのが望ましい。他にも，実験者がルーズな手続きで実験を行ったり一部を省略・変更するなど手続きの不履行，記録ミス，データが曖昧な場合に記録しなかったり，付け加えたりするようなことがないよう留意する。

統計的検定の注意点　実験により得られたデータについては統計的な検定を行う。本章では，具体的な計算は扱わないが，得られた統計的検定結果の解釈に関連するので，**効果量**（effect size；ES）について簡単に述べておく。

統計的な検定では，まず帰無仮説 H_0 と対立仮説 H_1 を立て，有意水準（危険率）を決定する。そして，標本集団においてデータを収集した後に検定統計量と分布を求め，検定統計量が有意水準を超える場合は，H_0 を棄却し H_1 を採択することになる（第2章参照）。効果量とは，種々の検定統計量や有意確率の値（p値）とは異なり，帰無仮説が正しくない程度を量的に表す指標である。大久保・岡田（2012）によると，帰無仮説検定で用いる検定統計量（T）は，一般に次のような式，すなわち「標本サイズの量と効果量のかけ算」で表される。

第4章 実　験

$T = f(N) \times g(ES)$

　　$f(N)$：標本サイズの関数

　　$g(ES)$：効果量の関数

　この式から次の2つのことが言える。第1に，標本サイズが同じならば，効果量が大きければ大きいほど検定統計量（T）は大きくなり，p値は小さくなる（すなわち帰無仮説 H_0 を棄却しやすくなる）。第2に，効果量が同じならば，標本サイズが大きければ大きいほど，同様に検定統計量（T）は大きくなり，p値は小さくなる。

　このうち，実験結果の統計的検定で問題になるのは，第2の「効果量が同じ場合」に関わることである。この場合，標本サイズが大きくなればなるほど検定統計量は大きくなり有意になりやすくなる。もし真の効果量が小さくても，標本サイズをどんどん大きくすればそれだけ検定統計量は大きくなり，本来正しいはずの帰無仮説 H_0 をも棄却できてしまうようになるので，有意であると判定する誤りが生じる（第一種の過誤；第2章も参照）。統計的な検定では，効果量を算出し，実際に独立変数の操作による真の効果が示されたのかを確認するのが大切である（詳しくは，大久保・岡田，2012 や水本・竹内，2008 を参照）。

再現可能性

　心理学の実験実習や卒業研究の実験について計画を立てる際には，それまで行われた過去の研究（先行研究）の結果を参考にすることがほとんどである。しかし，先行研究通りに計画し実施したにもかかわらず，結果が再現できずがっかりする場合もじつは多い。先行研究の実験を報告された手続き通りに再現したところ，報告された通りの実験データが得られることを**再現可能性**（reproducibility）があるという。

　先行研究通りに実験を行うことは追試研究（第3章も参照）と呼ばれるが，今までの心理学では，追試はオリジナリティがないものだと軽視されてきた。しかし，最近では，心理学の領域で実験結果の再現ができないことが問題となり，欧米では心理学者たちが再現可能性の検証に乗り出している（Open Science Collaboration, 2015）だけでなく，一般の人々にも広くその事実が知られるようになった（*The Guardian*，2015年8月27日付け記事など）。これらの報告では，社会心理学の専門誌に掲載された研究の25%，認知心理学の専門誌に掲載された研究の54%しか再現できなかったことを報告している。その後，この報告

は多くの心理学者を巻き込んだ議論となっている（Weir, 2015; Gilbert, et al., 2016 など）。日本でも，日本心理学会発刊の学述誌『心理学ワールド』では再現可能性について特集され，実験結果の再現可能性の検証を推奨しようとする動きが生まれていることが報告されている（三浦，2015 など）。

もし実験実習や卒業研究で先行研究の追試を行い先行研究通りに結果が得られなかった場合は，まず，実験計画と実験手続き上の不備を確認しなければならないが，不備がない場合には再現可能性の問題も考慮する必要がある。

結果の報告における注意点　実験データを捏造することは許されないことであるのは当然だが，たとえば，研究の仮説にもとづく予測とは異なる結果が出るとデータを一部削除したり，わざと公開しなかったりするなどの恣意的なデータ削除も，捏造にあたるので注意しなければならない。

実験で得られた情報の公表に際しては，あらかじめ参加者の同意を得なければならないと同時に，了解なしに参加者が特定されることがないよう配慮しなければならない。また共同研究の場合には，公表に際しては共同研究者の同意を得るとともに，研究の貢献度に応じて著者として連名にするなど，その権利と責任に十分配慮しなければならない。

論文やレポートのなかで他人の研究成果を使用する場合には，必ず本文にその研究を引用し，引用文献欄にも記載し出典を明記する必要がある。出典を明記しない引用は剽窃と見なされるので注意しなければならない。出典を明記する場合は，引用文献リストに明記するだけでよい場合もあるが，図版・長文の引用などは著作権者から書面で許可を得る必要がある場合もあるので注意が必要である（第9章第4節も参照）。

第5章

観　察

LEARNING OBJECTIVE

✓ 観察法の歴史や特徴の大筋をつかむ
✓ 代表的な組織の観察法および参加観察法について学ぶ
✓ データの質的なまとめ方について学ぶ
✓ 1歩先を行く研究に仕上げるコツを身につける

KEYWORD

日誌法　客観性　組織的観察　行動カテゴリ　行動目録　自然観察　実験観察　観察事態　非関与的な観察　完全な関与による観察　観察者の立ち位置　個体追跡観察　全生起行動記録法　自由記述法　予備観察　時間見本法　点観察法　チェックシート　データシート　ワン・ゼロ法　操作的定義　信頼性　単純一致率　カッパ係数　事象見本法　参加観察法　現場（フィールド）　フィールドエントリー　フィールドノーツ

第5章 観　察

1 観察法とは

　私たちは日常生活において，目という器官を通してたくさんの情報を取り入れ，それらの情報から物事を予測したり判断したり，またそれに応じて次になすべき行動を決定したりしている。たとえば，玄関を出て空に真っ黒な雲が立ち込めていれば，午後には雨が降るのではないかと予測して傘を持って行くだろうし，洋服を買うときには，試着して鏡の前で自分の姿を確かめ，「これにしよう」とか「やっぱりやめよう」といった判断を行う。いつもは元気な友達が落ち込んでいるときには，「相談に乗るよ」と声をかけるだろうが，「声をかけることさえできないな」と躊躇することもあるかもしれない。

観察法の歴史　心理学の世界でいう「観察法」もまた，目で見て何かを知ろうとすることが基本的な目的である。ある種の法則を見出したり，一般的傾向を導き出したりするうえで，観察法は大きな威力を発揮する。ただし「研究」としての観察法では，見たことを適切なやり方で記録・分析し，そこから言えることを他者に対し説得的に示すことが前提となる。

　観察法にもとづく原初的な研究の1つに，進化論で有名なダーウィン（C. R. Darwin, 1809-1882）による**日誌法**の研究がある。ダーウィンは，長男ウィリアムの観察記録を2年間にわたって続け，それを発表した（Darwin, 1877）。この論文は，知覚の発達，情動の発生をはじめさまざまなジャンルにわたる内容を網羅しており，観察研究の草分けともされる。ダーウィン以後も，19世紀後半から20世紀初頭にかけて多くの研究者が日誌法による研究を繰り返し行ったが，記述が**客観性**を欠くという批判が集まり，その反省から後述する**組織的観察法**が誕生することとなる。

　1920年前後になると，場面を実験的に統制し，その枠組みのなかで起こる事象を記録および分析する手続きが一般化し，同時に，自然場面での観察においても，ただ起こったことを起こった通りに記述するのではなく，所定の手続きに沿って結果を数値化して示すこと，また数値化することを見越して観察デ

ータを集めることが主流になっていった。

数量化を目指す観察　観察を行う目的は，個人の内面や心の働き，対人関係の特徴などを明快かつ説得的に示すことである。一例をあげよう。同じ講師が担当する全く同じ授業でも，1時間目に開講されているものと2時間目に開講されているものとでは学生の集中の程度に違いがあるのではないかと予測し，それを研究テーマにしたとする。では，観察法を用いてこのテーマにどう取り組めばよいだろうか。

「集中の程度」という概念は，それを構成する一つひとつの具体的な行動の束によってできている。もう少し具体的に言うなら，授業を聞いている学生の態度，たとえば「あくび」や「友達とのおしゃべり」「携帯電話の操作」「内職」「居眠り」といった行動から，「集中している」とか「集中していない」といった評価を下す。観察法では，こうした具体的な行動（**行動カテゴリ**，あるいは**行動目録**という）をリスト化し，授業内でそれらの行動が見られた学生の人数や頻度を数量的に示すことで，「集中の程度」を示そうとする。具体的な手続きについては，後ほど詳しく述べる。

観察事態と観察者の立ち位置　観察法による研究はさまざまな場面で行われるが，最も基本的なものは自然場面での観察（**自然観察**）であろう。特別な条件設定はせず，日常の場面で起こることをそのまま観察する。公園での親子遊びの観察，ショッピングセンターでの買い物客の観察などがその典型である。

これと対極をなすのが，**実験観察**である。実験観察は，観察したい行動が明確に決まっている場合に比較的よく行われ，その行動に関連する要因の解明を目指すのに適している。たとえば発達心理学の分野では，母子間の愛着（アタッチメント）関係を分類するのにストレンジシチュエーション法という実験手続きを用いる。ここでは，母親との一時的な分離や見知らぬ他者（ストレンジャー）の登場など，子どもに対し過剰な心理的負荷をかけて観察を行うのだが，その理論的根拠は，非常事態においてこそ愛着（アタッチメント）関係が顕在化するというものである。

観察の条件設定（**観察事態**）に加えて，観察者がどのような立ち位置で観察

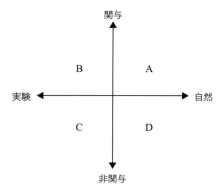

図 5-1　観察事態と観察者の立ち位置との関係

を行うのかも観察法の要件をなす。たとえば，公園での親子遊びの観察では，観察者は普通，そこで遊んでいる親子とは関わりをもたず，観察されている親子も観察されていることに気づかない可能性が高い。こうした観察は「**非関与的な観察**」と呼ばれる。

　一方，**完全な関与による観察**もよく行われる。たとえば，幼稚園の園児の目の前で，土で作った泥だんごを口に入れ，それに対する子どもの反応を観察するという有名な研究がある（加用，2001）。いうまでもなくこの研究は，観察者と園児の具体的な関わり合いによって成り立っている[1]。

　以上に述べた観察事態と**観察者の立ち位置**の組み合わせを図示したものが図 5-1 である。図の第 1 象限（A）にあたるのが，自然場面において観察者が被観察者と積極的に関わりながらデータを収集する研究で，療育などの場で障がいのある子どもと関わりながら子どもの様子を観察し，その特徴を明らかにしていこうとするような研究がこれに該当する。同様に第 2 象限（B）は，実験場面において観察者が被観察者と関わりつつデータを収集するものである。先の泥だんごの研究は，「泥だんごを口に含んでみる」という実験的操作を含み，しかも互いのやりとりを通してデータが収集されているので，ここに含めてよいだろう。

---

1. 極端な例を 2 つあげたが，実際の観察者の立ち位置は，非関与と完全な関与の中間にあることが多い（佐藤，2006）。

図の第3象限（C）にあたる実験的な非関与観察の例としては，先のストレンジシチュエーション場面の観察があげられよう。手続きが構造化されており，普通，観察者は対象母子と関わりをもたないからである。最後に，第4象限（D）の自然場面での非関与観察の例としては，公園での親子遊びの観察がその典型であろう。

2 基本的な観察記録の方法と分析

　観察の対象について考えるとき，個体の行動，ないし個体間の相互作用に着目する場合と，特定の事象や場面に着目する場合の，大きく2つを想定することができる。このうち，ある個体ないし個体どうしの関わり合いに着目する観察を**個体追跡観察**と呼ぶ。個体追跡観察では，観察のターゲット（人や個体）を決め，そのターゲットを一定時間，追跡して観察する。観察した内容は，主に以下のような手続きによって記録する。

全生起行動記録法　**全生起行動記録法**（all-occurrence sampling method；**自由記述法**と呼ぶこともある）は，観察記録の最も基本的な手法で，目で見たことを可能な限りていねいに書き留めるというものである。このような記録は，研究に着手してまもない段階で行うことが多く，研究の目的や目指すべき方向が定まっていない時点で行う**予備観察**でもこれをよく行う。

　記述の際は，擬人的な表現を使わないのが一般的である。勝手な思い込みや先入観，解釈は，観察データの客観性を損なうためである。「誰が見てもそう見える」レベルで，ていねいに，また具体的に記述することが求められる[2]。たとえば，「がっかりして座り込んだ」という記述の「がっかりして」は，観察者の思い込みでそう見えただけなのかもしれないため，「ため息をつきながら頭を下に垂れて」のように，具体的な行動による記述を行うほうがのぞましい。

---

2. 一方で，観察者の主観を100％排除することは不可能だという前提で，むしろその主観を織り交ぜた記述を行うことを推奨する立場もある（鯨岡，2005など）。

第5章 観　察

時間見本法　　前項で述べた全生起行動記録法は，どこに照準を定めて研究を進めるか，その指針を得るために行われることが多く，本格的にデータ収集を行う際には，時間見本法や事象見本法を用いることが多い。

時間見本法（time sampling method）では一般的に，行動の記録に際して点観察法とワン・ゼロ法を用いる。

◆　点　観　察　法

点観察法（point sampling method）では，一定の時間間隔ごとにある行動の生起や内容を記録する。たとえば，15秒ごとに行動をチェックする場合，観察開始から15秒後，30秒後，45秒後，60秒後……のそれぞれのポイントで，あらかじめ決めておいた行動の有無や内容を**チェックシート**（データシートということもある）に書き込む。たとえば，図5-2のチェックシートは，ある授業での学生の集中力を調べるために，観察のターゲットである学生の行動を15秒ごとに記録したものである。シート上方の「ノートをとっている」「居眠りしている」など，集中力に関連する行動を行動カテゴリとし，それらの有無を15秒ごとに線上に✓を記して記録している。

点観察法は，さらに複雑な分類を伴う行動の記録にも応用可能で，この場合はアルファベット記号などを用いる。図5-3のチェックシート上方では，公園で親子が遊んでいるときの子どもや親の表情を「ポジティブ（P）」「ネガティブ（n）」「ニュートラル（N）」に分け，15秒ごとに記録している。

◆　ワン・ゼロ法

点観察法と同様，**ワン・ゼロ法**（one-zero sampling method）でも，一定の時間間隔で区切って行動の生起を記録する。ただしワン・ゼロ法では，観察開始〜15秒までの15秒間，15〜30秒までの15秒間，30〜45秒までの15秒間……のように，それぞれ15秒のセル内部において行動の有無をチェックする点が点観察法と異なる。図5-2では，「携帯電話を触わる」「友達に話しかける」などの記録にワン・ゼロ法が用いられている。また図5-3では，「子どもが母親を見る」「母親が子どもに近づく」といった行動をワン・ゼロ法でチェックしている。

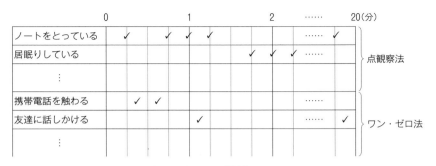

図 5-2　チェックシートへの記録例 1（授業中の学生の行動）

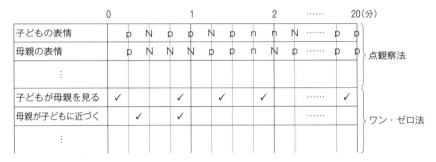

図 5-3　チェックシートへの記録例 2（公園での親子の行動）

ところで，点観察法とワン・ゼロ法のいずれを用いるのが適切か考えるときには，一般に「（継続した）状態」は点観察法で，「（状態の変化を伴う）動作」はワン・ゼロ法で記録することが多い。先の例では，「ノートをとっている（何か書いている）」「ポジティブな表情である」は状態であり，「（しゃべっていない状態から）話しかける」「（見ていない状態から）見る」「（離れている状態から）近づく」は動作である。

◆　分析の仕方

分析を行う場合は，まずそれぞれの行動が何回観察されたか数え，割合などにして示す。図 5-2，図 5-3 のデータであれば，✓（あるいは p, n などの記号）が記されていた個数をセルの総数（この場合だと 4 セル / 分 × 20 分 = 80 セル）で除して 100 を掛けた値が生起率となる。実際の分析では，ケースごとに各行動

表 5-1　各行動の生起率（授業中の学生の行動）

学生ID	授業時間	性別	ノートをとっている	居眠りしている	……	携帯電話を触わる	友達に話しかける	……
1	1時間目	男子	7.5	18.8		12.5	6.3	
2	1時間目	女子	25.0	1.3		2.5	0.0	
3	1時間目	男子	10.0	3.8		50.0	12.5	
4	1時間目	男子	50.0	6.3		6.3	3.8	
5	1時間目	女子	18.8	18.8		10.0	12.5	
︙	︙	︙	︙	︙		︙	︙	
49	2時間目	女子	68.8	8.8		3.8	11.3	
50	2時間目	女子	10.0	10.0		10.0	10.0	

（注）　単位は％

の生起率を集計し，それらを一覧にして表したのちに（表5-1），統計的に解析するのが一般的である。

◆　留　意　点

　個体追跡観察を行う場合，一個体の追跡をどのくらい行えばよいか，またどれくらいのサンプルを集めればよいかという問題がある。観察時間を設定するときには，その研究で何を明らかにしようとするのかを念頭に置かねばならない。ある人物の1日の過ごし方を追跡するというような特殊な研究では，数時間，ときには朝から晩までその人物にべったり寄り添って観察することが必要となる（上村，1996）。一方，先に述べた授業中の学生の集中力を調べたいときには，1名あたりの観察時間は10〜20分程度にして，サンプル数を小刻みに増やしたほうが結果の一般化につながりやすい。なお，このようなテーマでは，①授業開始から10分と授業終了前10分は，学生が落ち着かないので観察しない，②男子学生，女子学生ほぼ同数ずつデータを集める，③教壇のすぐ前で授業を聞いている学生と後方にいる学生をほぼ同数ずつ観察する，などの工夫もあったほうがよい。

　くわえて気をつけなくてはならないのは，行動カテゴリの**操作的定義**（第**4**章参照）である。「携帯電話に触わる」は，何も操作せず触れているだけでチェックするのか，視線を画面に向け指で画面を操作しているときにチェックするのか，そういった基準を定めておく必要がある。公園での親子観察における

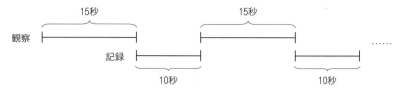

図5-4 ビデオ撮影が行えない場合の「観察」と「記録」のローテーションの一例

「母親が子どもに近づく」についても、どのくらい離れたところからどれだけ移動し（何m以上？ 何歩？）、その結果、両者の距離がどのくらい縮まったときに「近づいた」とみなすのか、近づこうとしている最中に相手が離れていってしまったらどうするのか、考えられる限りのことを予測し、基準を明確にしておくことが求められる[3]。

　行動カテゴリをいくつ設定するかという問題もある。ビデオ撮影が許可されれば、同じ映像を繰り返し見ることが可能なため、行動の種類を増やしてもさほど支障はない。だが、たった一度きり、その場で記録をとらなくてはならない場合、行動カテゴリは最小限に留めなくてはならない。また、その場で直接記録をとっている（書き込みをしている）最中は観察ターゲットを見ていないことになるため、図5-4のように観察時間と記録時間を分けておくといったこともよく行われる。

　最後に、データの**信頼性**について述べておきたい。行動カテゴリの操作的定義を相当厳密に定めた場合も、観察者の判断にはどうしても主観が入り込んでしまう。観察法による研究では普通、他の人が同じ場面を観察しても同じように評定され、ほぼ同じ結果が得られることをもってデータの信頼性が保たれたものとみなす。そのため、行動の定義について十分に周知したうえで、複数の評定者が独立に同じ場面を観察し、行動の有無や分類の判断にどの程度の一致が見られたかを確認してデータの信頼性をチェックする。この判断の一致を表す指標としてよく使われるのが、**単純一致率**や**カッパ係数**である。計算式は図5-5の通りだが、単純一致率では、2名の判断の一致が偶然であった可能性もあり、実際より高め（甘め）の値となることが知られている。そこでよく使われるのがカッパ係数である。カッパ係数では、偶然の一致を差し引いた値が計

---

3. そのためにも、ある程度時間をかけて予備観察を行うことが大切である。

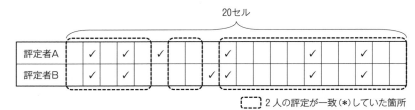

図 5-5　ある行動に関する 2 名の評定者のチェックと単純一致率・カッパ係数の計算法

* 「一致」とは，両評定者がともにチェックした，もしくはともにチェックしなかったことを指す。

算されるため，より厳密な値が得られる。

事象見本法

時間見本法では，観察ターゲットをあらかじめ決めて観察を行うが，これに対し**事象見本法**（event sampling method）では，事象をターゲットとする。ここでいう事象にはさまざまなことが含まれる。「自動販売機でジュースを買う」でもよいし，「レジに並んで会計を済ます」でもよい。「携帯電話を操作する」「エスカレータに乗る」「乳児が指差しをする」なども事象である。事象見本法は，それらの事象にまつわる背景や全体の経過をたどり，因果関係を確認したり，その事象の構造を解明したりするのに効果的である。

「自動販売機でジュースを買う」を例にあげよう。「ジュースを買う」という行為は，自動販売機に近づく，お金を投入する，飲み物のボタンを押す，出てきた飲み物を取り出す，（おつりがあれば）おつりを取り出す，といった一連の流れを含む。ただ，試しに観察してみればわかるが，お金を投入してから飲み物を選ぶ人もいるだろうし，飲み物を決めてからお金を投入する人もいる。飲み物を決めた後で財布を取り出す人もいるかもしれない（もちろん，これらの動きは，うしろに人が並んでいるかによっても違うだろう）。事象見本法では，一定数のデータを集めることで，こうした人の動きの法則や一般化を目指すのである。

では、どのような場合に事象見本法の観察が有効だろうか。上述の通り、事象そのものの構造を知りたいときに適していることもそうだが、これに加えてデータ収集の効率の問題もある。自動販売機のデータでは、ある個体を追跡するよりも、自動販売機の前に立ってジュースを買いに来た人の観察を行うほうが明らかに効率的である。ある人物を一日追跡してみたところで、その人がジュースを買うとは限らないからである。

◆ 単純な事象と複雑な事象

事象と一言でいっても、比較的単純な事象から複雑な事象まで内容はさまざまである。たとえば、赤ちゃんを抱くとき、右手、左手のいずれを使う人が多いか調べたいとする。この場合、赤ちゃんを抱っこしている人を見つけしだい、右手か左手かを記録していけば、簡単に左右の比率を計算することができるだろう。これもれっきとした事象見本法の観察である。

だが、普通私たちが事象見本法で調べたいことは、これよりやや複雑なことである場合が多い。たとえば、小島（2006）の研究は、子ども連れの母親が横断歩道を横断する場面の観察を行い、手をつないだり放したり、声を掛けたりといった行動がどの時点で生じやすかったか、連れている子どもの人数により違いがあったかなどを分析している。この研究は、一定時間、個体を追跡観察することが必要という点では、前項の個体追跡観察に近い側面もあるといえよう。[4]

◆ 記録の仕方・分析の仕方

ここでは、幼稚園等での子どものけんかの研究を例にあげながら、事象見本法での基本的な記録・分析の方法について説明しよう。子どものけんかはそう頻繁には起こらない事象であるため、個体追跡観察では効率的にデータを集めることができない。そのため、はじめは対象を定めず、たまたま見つけたけんかを手当たりしだいに観察し、一連の流れを記録するといったことをよく行う（高坂，1996 など）。観察の際には、いくつかのポイントに着目して記録する。

---

4. このように、ある程度の時間の流れを含む事象は「場面」と呼んだほうがよいという意見もある。実際、「場面見本法」と呼ぶこともある。

第5章 観察

表5-2 けんか事例の一覧

事例	当事者	原因	反撃	泣き	介入	終結
1	男児	取り合い	あり	あり	仲間	うやむや
2	男児	身体攻撃	あり	なし	担任	納得
3	女児	身体攻撃	あり	あり	担任	両成敗
4	女児	言語攻撃	なし	なし	なし	うやむや
5	男児	取り合い	なし	なし	なし	うやむや
⋮	⋮	⋮	⋮	⋮	⋮	⋮
98	男児	言語攻撃	なし	なし	なし	納得
99	女児	身体攻撃	あり	あり	担任	納得
100	女児	取り合い	あり	あり	仲間	うやむや

表5-3 けんかの原因と介入との関係

原因	介入 担任	仲間	なし	合計
取り合い	7	9	14	30
身体攻撃	18	5	7	30
言語攻撃	3	6	31	40
合計	28	20	52	100

たとえばこの例では，①けんかの原因（モノの取り合い／身体的攻撃／言語的攻撃〔からかいなど〕／……），②反撃の有無（反撃あり／なし），③当事者の泣きの有無（いずれかが泣いた／いずれも泣かなかった），④介入の有無（担任の介入／仲間の介入／介入なし），⑤終結の仕方（うやむやに終わる／お互いに納得して終結／けんか両成敗／……）などに分けて記録しておく。このようにして100ケースほどの観察データが集まれば，表5-2のように一覧にして変数間の関係について分析することも可能となる。

分析の一例として，けんかの原因と介入の有無の関係を示したものが表5-3である。この場合はもちろん統計的な解析が不可欠だが，全体の傾向として，担任の介入は身体的な攻撃に端を発するけんかに集中しており，言語的な攻撃から始まったけんかには介入がないことが比較的多いといったことがわかる。

◆ 留意点

　事象見本法による観察でも，先に記したように行動をカテゴリ化して記録する場合が多いため，それぞれの行動の操作的定義を明確にしておくことが必要である。たとえば「モノの取り合い」といったとき，おもちゃを取られそうになった子どもが抵抗を示さなかった場合もこれに含めるのかといったことは事前に決めておく必要がある。定義を明確にするためには一定期間の予備観察が必要で，起こりうることを予測して定義に盛り込むのがよい。もちろん，周到にそうした準備をしてもなお，データ収集時に判断に迷うケースが出てくることは避けられない。そのような場合は，慌てず起こったことをできるだけ細かく記述しておいて，後から別に新たなカテゴリを設けるなどの対策を講じるのがよい。

　データの信頼性についても，時間見本法と同様のことが言える。ある行動の分類基準がデータ収集の開始当初と後半とでずれていたり，観察者によって判断が異なっていたりすると，データの信頼性は大きく損なわれる。そのため，一部のケース（最低でも全データの20％程度）について別の評定者に分類を依頼して評定の一致を確認したり，データ収集が長期にわたる場合はそれを定期的に繰り返したりといったことが必要となる。

　もう一点，注意が必要なのは，データが特定の人物に集中しやすいという問題である。「けんか」の事例では，そのクラスにトラブルメーカーになる子どもがいると，いきおいその子どものデータばかりが集まるということになりかねない。このような偏りを避けるためには，同じ子どものデータは1日に2ケース以上はとらない，といったルールをあらかじめ設けておくことがのぞましい。

3　その他の観察手続き：参加観察法

　ここまでに取り上げた観察法は，被観察者と距離を保ちながら観察を行う非関与型のものが中心であった。本節ではこれに対し，観察者がある集団に参加したり，そこにいる人々に対して積極的に関与したりしながら，その体験をもとに生態学的に妥当性の高い現象理解をめざす**参加観察法**について紹介する。

「集団」といってもその性質はさまざまである。民族や地域のようにアイデンティティが比較的固定した集団を指すこともあれば、職場、サークルのように個人が一定期間所属する集団、さらにはメンバーがそのつど変わる育児サークル、コンサート会場に同席したファンのように、その場限りの一時的な集団をいうこともある。参加観察法では、そうした**現場（フィールド）**に自ら足を運び、そこで起こること、現場の人々との関わりのなかで経験されることを分析の対象とする。

◆ 観察者の立ち位置

参加観察法では、文字通り「参加」しながら「観察」を行うが、参加の程度について、「完全なる参加」から「完全なる観察者」までいくつかのレベルに分類することが可能である（佐藤，2006）。たとえば、保育園で子どもの観察を行うことになったとしよう。自らも保育に参加し、園児たちと交わりながらそこで体験したこと（たとえば、一緒に砂遊びをしていた園児が発した言葉や園児とのやりとりなど）を研究のテーマとして取り上げる場合、そのデータは、参加者としての比重が大きいものとなる。これと対照的に、園児や保育士と一定の距離を保ち、いわば「こちら」側から「あちら」側の園児や保育士を観察するというようなスタンスをとる場合（自らは砂遊びに加わらず、一歩引いたところから園児どうしのやりとりを観察するなど）は、参加者としての比重が低い観察となる。

◆ 参加観察の過程と問いの生成

ここでは、現場の人々と積極的に関わりをもちつつ行う、参加者型の観察を想定して、研究の進め方を述べよう。参加観察法では、現場（フィールド）への参加（エントリー）の仕方がまずもって重要である。通常は、頻繁に足を運んだり、場合によってはスタッフの一員としての役割を果たしたりしながら、その現場や現場の人々になじんでいくことが求められる。

参加観察法による研究を行う場合は、**フィールドエントリー**した時点で目的や仮説が明確になっていることはむしろ少ない。何度もそこへ出向き（あるいは一定期間、継続的にその集団の一員となって）、観察や聞き取りを繰り返すなかで少しずつ問いを明確化していくことが多い。たとえば、定期的に幼稚園に通い、自らも園児たちと積極的に遊んだり生活したりする経験を経て、食事中の園児

どうしの会話に興味をもち，それを研究テーマに選んだとする。自らも一緒に食事をとりながら園児と会話したり園児どうしの会話を聞いたりして，それをデータとして分析するというような研究がこれに該当する。この例でもそうだが，参加観察法による研究を行う場合は，その現場の人々（この場合，園児や担任教諭）との信頼関係こそが円滑にデータ収集を行ううえでの要となる。

◆ 観察・記録の仕方と分析の仕方

　参加観察法においても，観察したこと，経験したことは，当然なんらかのかたちで記録に残さなくてはならない。ビデオ撮影や音声記録が可能なこともあるが，それらが許されるケースはそう多くない。そうした場合，観察者はそのつど，現場で観察したこと，聞き取ったことを筆記記録しておかねばならない。この種のメモ書きや記録は一般的にフィールドノーツと呼ばれ，これが一次資料として重要だと指摘する研究者も多い（佐藤，2006など）。

　記録を残すタイミングについては臨機応変に対応する必要がある。経験したことをその場でメモに残すことが可能な場合もあるが，そのような行為が人々の行動や相互作用に影響を与えてしまうことも少なからずある。そのようなときは，起こった事象をできるだけ覚えておき，記憶が薄れないうちにメモ帳などに要点を記し，さらにその日のうちにパソコン等に転記するといったことを心がけるとよい。

　ところで，参加観察法では，観察したことだけでなく，インタビュー等で聞き取りをしたことも重要なデータとして取り扱う。現場の人々と関わるなかで生まれた会話や，長期的なつながりのなかで形成された信頼関係にもとづくインタビューデータなどは，観察データと同様に重要な意味をもつ。また，参加観察法では，それぞれの現場にいる人々を内部的な目線で理解してそれをまとめることを目指すため，観察資料のみならず，そうした聞き取りデータ，場合によっては文書資料も利用しながら，多角的なアプローチを展開することも多い（佐藤，2006）。

　参加観察法によって集められたデータは，時間見本法や事象見本法のように数量化して統計解析を行うという手順に乗らないことが多い。そのため普通は，観察記録や聞き取りのデータを質的にまとめ，そこから意味づけや解釈が行われる。その手順は必ずしも画一化されていないが，一般的な作業としては，印

象的なエピソードを蓄積し，内容に応じた分類やカテゴリ化を行って概念的に整理し，それら概念間の関連や時系列的連関を図式化するといった方法をとることが多い（詳しくは，中澤他，1997などを参照のこと）。たとえば，入園当初，幼稚園での集団生活になじめず孤立していた園児をめぐるエピソードを数カ月にわたって書き残し，それらエピソードの時期による分類やそれにもとづく考察を通じて，その園児の行動の変化を図式化するといった研究がこれに該当する。

◆ 留 意 点

　参加観察法では，比較的少数のサンプルや事例をていねいに記述し，そこから意味づけや解釈を行うことが多い。この手続きには，量的な分析では掬（すく）い取れない機微を細かく描けるという利点がある反面，データの一般化や因果関係の特定が困難という欠点もある。結果を一般化したい場合は，後述する通り，得られた結果をもとに新たに仮説を立て，それにもとづいて仮説の検証を目指す組織的な観察を行うことも必要であろう。「参加観察法は，新たな問題領域や仮説を見出す発見的なアプローチとして」有効といえよう（中澤他，1997）。

　さらに参加観察法では，比較的少数の事例を扱うことが多いため，成果を発表する際の個人情報の管理に特別な注意が必要である。場合によっては，研究成果そのものに影響しない範囲でデータを加工したり編集したりしたほうがよい場合もある。また，データを発表する前に現場の当時者に研究成果を一度確認してもらい，誤りがないか，そのまとめ方が適切か意見を聞いたほうがよいこともある。この点については指導教員と相談のうえで決めることをおすすめする。

4 洗錬への工夫

さまざまな機器の利用　観察法ではさまざまな機器が利用される。最も一般的なのはビデオカメラ等の映像機器であろう。なにより，何度でも映像を確認でき，その場では気づかなかった細かい点にまで目を向けられる点が最大のメリットである。実験室等では，複数のビデオカメラを使って同じ対象をいくつかの方向から撮影するといったことも行われる。

なお，ビデオ撮影を行う際には以下のことに注意が必要である。第一に，「とりあえず撮っておけば後でなんとでもなる」とする態度である。目的が定まっていないと，撮影の仕方も冗長なものとなりやすく，肝心のことが撮影できていなかったというようなことが起こりがちである。そのため，問題意識や目的を明確にしたうえで撮影に臨むことが不可欠である。

また第二に，当然のことながら，ビデオ撮影は撮影される側にストレスや緊張を強いる場合がある。そのため，撮影されることに慣れる期間をある程度設けたほうがよい。また，撮影されていることで被観察者が普段とは違う言動をとる可能性もある。分析や考察を行う際には，撮影事態そのものがそういった制約のうえにあることを自覚しておく必要がある。

この他，最近では，ビデオカメラ以外の機器も観察研究によく利用される。視線定位装置（アイカメラ）は，いまや乳児の認知研究ではなくてはならないものとなっている。人の活動を調べるのに，GPS 機能つきの定位装置を利用することもある。テーマによってはサーモグラフィや万歩計なども観察データの補足資料として有用である。

| 他の調査方法との併用 |

本章で取り上げた観察法は，心理学の代表的な研究法の一つである。最後に，研究をより魅力的なものへと発展させるためのコツを述べておきたい。他の研究法にもいえることだが，それぞれの研究法には長所と短所がある。そのため，観察法では掬い取れない資料を別の研究法で補うといったことをぜひおすすめしたい。

たとえば，子どものいる家庭での食事の場面で，家族の誰がどこに（どの子どもの隣に）座って子どもの食事の介助をするかを調べようと考えたとする。さしあたっては，フードコートなどで子ども連れの家族を観察するといったことが考えられる。そこから一定の傾向がわかったとして，次にそれをより大量のサンプルで確かめるにはどうすればよいだろうか。図 5-6 のような絵を用いて質問紙法でデータを集めるのもよい（小島，2010）。また，それらの研究をさらに発展させて，特定の家族に焦点化し，自宅での食事の様子をビデオ撮影させてもらい行動や会話の詳細な分析を行うといったこともできよう。

観察法の特徴を理解し，なおかつ他の研究法も併用しながら研究のステップアップを目指してほしい。

第5章 観察

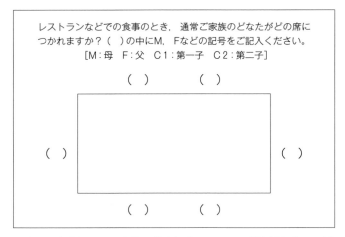

図5-6 食事場面での家族の着席行動についての質問紙調査の一例

> **Episode**
>
> **行動観察という体験**
> ●サルの観察からQOLまで
>
> 　筆者が学生時代に所属していた大学の研究室ではニホンザルの飼育が行われていて，研究室への配属が決まるとすぐ，行動観察の基本を学ぶために，5～6頭からなる集団を観察せよという課題が出された。そこで，テキストにも書いた点観察法，ワン・ゼロ法を使って，さっそく個体追跡観察を始めた。
>
> 　1回の観察時間はたしか10分程度だったと思うが，データを取り始めてまもなく，視線の先をただ一点に定めて10分ものあいだ何かに集中してものを見るという経験をこれまで一度もしたことがなかったことに新鮮な驚きを感じた。集団の仲間に向けられる一つひとつの行動のすべてに意味があるように感じられ，（大げさかもしれないが）心のさまが透けて見えそうな錯覚に囚われたことをつい最近のことのように思い出す。
>
> 　しかも，そうして集めたデータを集計し，図に描くことの面白さも格別だった。やや大げさだが，「こうだろうな」と感じたことが見事に図に表現される爽快感や，予想とは全く異なる結果に愕然とする衝撃は，今でも忘れられない。書いたレポートが好評価だったことも，行動観察の魅力にはまった一因だったかもしれない。
>
> 　筆者は今，自分の指導するゼミの学生に，毎年，人間行動観察の課題を出すこ

とにしている。どんなことでもよいので，身の回りの人の行動に注目し，そのデータを集めて分析させ，わかったことを発表させるのである。

これまでに筆者がゼミで受け持った学生は150名を優に超えるが，図5-7に示した研究のほか，目を瞠るような面白いデータを集めてきた学生も多い。定番は，電車の座席や図書館の座席がどんなふうに埋まっていくか，横断歩道でのフライングはどんな状況で起こりやすいか，といったものだが，フードコートで食事をする家族の観察や駅の待ち合わせ場所での人の行動，たばこを吸っている人が灰を指で落とすタイミングに何か法則があるか，など普段は気にもしないことが図や表になって示されると，「おおー！」という歓声が上がることもある。

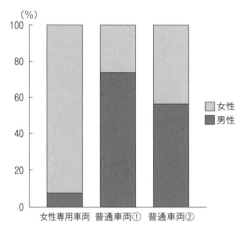

図5-7　観察例：電車の女性専用車両付近での乗客の男女比

平日，休日の朝，昼，夕方の時間帯に各30分，計3時間の観察を実施して結果を得た。普通車両①は，女性専用車両の隣の車両，普通車両②はさらに隣の車両（つまり，女性専用車両から2つ離れた車両）を指す。女性専用車両では女性の乗客が当然多いが，その隣の車両では男性が圧倒的に多い。女性専用車両だと気づいて，慌てて隣に移動した男性が含まれているからだと思われる。2つ離れた車両（②）では男性，女性ほぼ同数ずつである。

学生がみな，筆者がかつて感じたような新鮮な感動を覚えてくれているか定かではないが，10年ほど前に大学を卒業して，今，福祉施設で働いている元学生が「職場でお年寄りの担当をしているんですが，学生時代に習った行動観察法を使って入所者さんのQOLを確かめる取り組みをしているんですよ」と聞いたときには，飛び上がるほど嬉しかった。研究の立場でなくとも，行動観察の技術はいろいろな用途で使えるのだなと実感した次第である。

第6章

面　接

LEARNING OBJECTIVE

✓ 心理学における面接の特徴について学ぶ
✓ 調査協力者との相互交流の重要性を知る
✓ 適切な質問の仕方を身につける
✓ 代表的な面接データの分析方法を知る

KEYWORD

相互交流　構造化面接　半構造化面接　アクティブインタビュー　参与観察　フィールドワーク　グループインタビュー　無作為抽出法　有意抽出法　インタビューガイド　キャリーオーバー効果　ワーディング　ダブルバーレル質問　プロトコル　テキストマイニング　カテゴリ分析　カテゴリ　シークエンス分析

第6章 面接

1 調査面接の特徴

調査面接とは何か　この章で紹介する調査面接は，一般的に使われる「面接」「インタビュー」「取材」と同じものではない。

「面接」という言葉になじみのある人は少なくないだろう。受験や就職，アルバイト募集などのなんらかの選抜をする場面で，応募者と募集者という役割の異なる人が一室で向かい合って会話するシーンはたやすくイメージできる。募集者の側には，あらかじめなんらかの基準があって，それに沿って質問がなされる。面接の一部では，募集者が「何か質問はありませんか」と応募者に質問を許す場合もある。結果は募集者が決定した「採否」として，応募者に伝えられる。

「インタビュー」とか「取材」もよく聞く言葉である。こちらは「採否」を決めて伝えることではなく，会話とその様子自体を記録し，編集をして，第三者に伝えることが主たる目的のことが多い。テレビニュースでのインタビューは映像と音声で，新聞取材なら記事として，その内容が公表される。

調査面接もまた，面接者と協力者という異なる役割のもとで会話を行う点は同じである。そのなかには，なんらかの基準によって結論を出すための調査面接もある。その基準を正確に運用するために，質問項目の内容や聞き方などが明確に定められている（「構造化」されているという）。他方で，会話の内容自体を重視し，分析する調査面接もある。こちらは，協力者が話しやすい流れを作ることが重視されるため，質問内容や聞き方は比較的自由度が高い（前者に対して「半構造化」という）。しかしいずれも科学的な，少なくとも論理的な営みであり，そのために十分な準備や工夫が必要となることに注意してほしい。また，調査面接の結果は，採否判断や楽しみのための情報消費に用いるのではなく，それを根拠に製品開発の手がかりを得たり，支援が必要な方のニーズを把握したりしたうえで，同じ課題に取り組む実践者や研究者と結果を共有することを目的として実施される。つまり，調査面接は研究における一手法であり，作成された記録は研究のためのデータである。

1　調査面接の特徴

　また，心理学では調査面接だけではなく，臨床のための面接も用いる。斎藤（2014）は，臨床面接について以下のように定義している。

> 臨床面接とは，苦しむ人の役に立ちたいと願うものと苦しむ者が，聞き手と語り手という役割を担いながら，苦しみを少しでも和らげることを目標に，情報聴取や説明・教育などを通じて，良好な関係を構築・維持・展開することを目指すような，主として言語を用いた相互交流のプロセスである。

　臨床面接の目的は苦痛の緩和にある。ここでいう「良好な関係」とは何かを議論するのは本論の範囲を超えるが，それを目指して展開する相互交流は，調査面接とは異なるものになることはまちがいない。とはいえ，調査面接が「結果的」に調査協力者の苦痛を緩和することもある。

　なお，インタビューという「言葉」が，上記の一般的な意味とは別に，心理学や社会学領域で使われることが少なくない。この場合のインタビューは調査面接とほぼ同義と思ってもらってよいが，本章では統一して調査面接という表現を用いる。

相互交流　　調査面接の方法としての特徴は，質問紙等を用いた調査（第3章参照）と比較すると明確である。同じように言葉を介した方法であるが，調査面接では相手がわかるように工夫したり質問に答えたりすることで，1回あたりの所要時間が長くなることが多い。あるいは100名分のデータを集めるとしても，面接では100回の調査が必要であるが，質問紙等を用いた調査では1回の調査で集めることも可能である。

　また，同じ質問をしたとしても，面接では面接者と調査協力者の関わりやそれぞれの状況によって，回答が影響を受けることがある。したがって，100回の面接環境や実施手順を寸分たがわず同じにすることは不可能に近い。たとえば援助行動への態度を尋ねる項目が含まれていたとして，大きな災害のニュースがあった日の前と後では，回答傾向が異なるかもしれない。他方，質問紙等を用いた調査では，調査時期・会場を統一することができる。

　このような違いは，調査面接が対面による**相互交流**を行うことに由来した短所といえるが，相互交流はそれ以上にこの方法の長所にも結びついている。まず，協力者の様子を観察することができる点があげられる。回答への積極的もしくは消極的な姿勢，質問が理解できているかどうかなど，調査協力者の回答

について重要な情報が得られる。これらはデータとしての面接記録を分析する際に非常に有用である。さらに，その回答者の様子に応じて面接者が対応できる点も大きい。再度質問をしたり，表現を変えて言い直したりして，協力者が十分に理解したのを確かめてから回答を求めることができるからである。ここには，心理調査法における他者性の問題がある。つまり，調査面接においては，面接者は調査協力者の考えを知らない（だから調査する）というだけではなく，調査協力者も，面接者の聞きたいことを十分に理解していないかもしれない，という前提を置いているのである。

生活文脈の取り扱い　ところで，調査面接には，質問内容や手順がはっきりしている**構造化面接**と比較的自由度が高い**半構造化面接**があると本節冒頭に述べた。構造化面接では適切な回答というものが考えられる。たとえば「壺と花器のどちらがお好きですか」と尋ねたときの回答は2種類しかないので，「壺」「花器」のどちらかに決めてもらう必要がある。一方，半構造化面接で同じ質問をした場合は，「うーん，壺のほうが好きだけど，花器も嫌いというわけではない」という語り方そのものが重要になる場合もある。これは面接者と調査協力者の相互交流が生み出した回答の「形」であるから，さらにていねいに質問を重ねることで，構造化面接よりも細かなニュアンス，いわば回答の「質」に迫ることができる。たとえば，花器を「嫌い」と言いたくないこと，この二者択一の質問（クローズドクエスチョン；第1章参照）では自分の気持ちを伝えられない回答者がいることは，大事な情報となるかもしれない。

では，「私は壺も花器も知らない。聞いたこともない単語だ！二度と尋ねないでくれ！」という回答を得たときには，面接者はどう考えたらよいだろう。壺も花器も知らないということがあるだろうか。調査協力者はうそつきなのだろうか。あるいは，面接の仕方が悪くて，調査協力者を怒らせてしまったのだろうか。どちらにしても，この調査協力者は「調査に非協力的」だから，これ以上続けても仕方ない。これまでの面接記録もじつは信用できないかもしれない。しかし，かといって，調査面接を中止しデータを破棄するべきなのだろうか。

調査面接を「面接者と調査協力者の相互交流」とするだけなら，調査中止と

いうのも論理的だ。うまく交流ができなかったということは，調査の失敗といえるのだから。ただし，半構造化した調査面接にはもう1つ考慮すべき点がある。調査協力者が「交流」しているのは「面接者」の質問だけではないということである。調査協力者は多様なものごとを参照して，回答しているのだ。たとえばこの面接場面に，1940年代にアフリカのある部族を対象に，2名の通訳を介して実施された，という文脈を加えてみよう。もしかすると，調査協力者はこれらの土器に関連して，父親との間で嫌な記憶があるのかもしれない。あるいは，この壺と花器の背景に宗教的な意味があり比較することは失礼なのかもしれない。あるいは，ニャンジャ語と英語の2名の通訳を介していたが，相手は本当はベンバ語のほうが得意で，意味が十分にわからずいらだたせてしまったのかもしれない。

　これらはもちろん，なんの根拠もない架空の推測である。逆にいうと，私たちが回答を理解するためには，なんらかの「根拠」が用いられていることに注意してほしい。それは本来，調査協力者の文化的背景や社会体制，個人史などさまざまなものごとである。一方，このような「生活文脈」についての情報をもたない場合，面接者はおそらく，自分の「常識的な」知識を用いて理解している。それは「架空の推測」でないと言い切ることができるだろうか。むしろ，予想通りに回答「してくれなかった」ときには疑うことができても，予想範囲内の回答については面接者が誤解している可能性がつきまとう。このような問題を解決するためには，面接者はつねに独善的な解釈になっていないか内省する必要がある。また，調査面接を実施する前に，関連する文献や論文に目を通しておくこと，現場があるなら行ってみたり参加してみたりすること，複数の方法を組み合わせて調査することなども推奨される。ところが逆に，それらの生活文脈に慣れすぎてしまうと，そもそも疑念や関心をもちにくく，研究に必要な気づきまで得にくくなるという矛盾も生じる。

　これは，調査面接をめぐって議論されてきた古くて新しい問題である。そして，他の方法では気づきにくい，深い問いを提供するという最大の長所といっても良い。**Topic**に取り上げる**アクティブインタビュー**は，生活文脈を重視しつつ進める調査面接の考え方を示している。

第6章 面　接

> **Topic**
>
> ## アクティブインタビュー
> ●相互交流という視点
>
> 　アクティブインタビューとは，調査面接の技法の集合体を指すものではなく，インタビュー「理論」，もしくは1つの視点のことである。
>
> 　Holstein & Gubrium（1995 山田他訳 2004）は，インタビュー（本稿では調査面接のこと）では，面接者と調査協力者とのアクティブな相互行為が展開していると主張している。このアクティブという表現には，積極的にという意味に加えて，今ここで作り上げる，という意味が含まれている。
>
> 　調査協力者が質問に答えることについて，「（自分の心のなかの）情報の貯蔵庫を利用する」という比喩を用いてみよう。従来の調査面接をこの比喩で捉えると，調査協力者が使う情報の貯蔵庫は，回答の容器に喩えられる。つまり，調査協力者はその容器からなかのもの（情報）を取り出して報告している。一方，アクティブインタビューでは，情報の貯蔵庫とは，「多様で，多面的な，つねに生成しつつある」ものであり，それを「アクティブに選択して，さらにストーリーを組み立てて」話していると考えるのである。
>
> 　面接者もまた，調査協力者と協同して回答をアクティブに構築する。被災地の面接で，調査協力者が「直接，津波で家屋や家族が無事だった私たちは，『人前』で震災の話をしないようにしている」という話を聞いたとする。面接者はこのまま話を聞き続けることもできる。しかしここで，「では，被害がないことがわかっている人どうしでは，どんな話になりますか」と質問すれば，調査協力者は異なる立場（話を聞くだけの人→自ら話す人）から語ることになるだろう。あるいは，面接者がそれまでに被災地に入り，さまざまな経験をしていれば，そこで得た背景知を利用して「今，復興商店街で震災直後の写真展をやっていますけど，どう思いますか」と具体的に質問することで語りを誘発することもできる。つまり「情報をアクティブに選択し組み立てる」ことを，これらの質問で活性化するのである。
>
> 　このような多様な相互行為によって生み出される語りを分析する際には，意味を作り出すプロセスが，語られた意味そのものと同じくらい重視される。アクティブインタビューでは語られた内容と同様に，面接という相互行為自体が研究の対象になる。

2 調査面接の準備

調査面接の実施を決定する

では，順を追って調査面接の準備をしよう。まず，質問紙や観察ではなく，調査面接を研究方法として選ぶ。それはどんな場合だろう。

最も確実なのは，想定している研究が調査面接でしか実施できない場合である。つまり，研究の目的から直接的に決まる。たとえば，研究の目的が「新しく翻訳した被災地向けのPTSD（心的外傷後ストレス障害）尺度が，日本で使っても本当にPTSDのリスクの高い人を見つける（スクリーニングする）ことができるかどうかを検討すること」だとしよう。この場合，調査は次の3つの要素で構成できる。①まず調査協力者に新しいPTSD尺度（4項目と簡便なので現場で使いやすい）に答えてもらう（質問紙調査），②次に，M.I.N.I.（精神疾患簡易構造化面接法〔構造化された調査面接〕）を実施する，③最後に最近の心身の調子や回答した感想を尋ねる（半構造化された調査面接）。②でPTSDと診断された人を①でチェックできる程度，を数量的に検証するのである。まず100％見つけることができる，ということはないので，③で問題点を検討することも重要だ。

このうち②のM.I.N.I.は，決まった質問項目を手順に沿って行うことで，精神疾患の診断が一定の精度でできることが確認されている（信頼性と妥当性〔第3章参照〕が確認されている）面接方法である。面接者の都合でその手順を変更することはできない。心理学では，M.I.N.I.以外でも知能や発達の検査は構造化面接で行われることがある。これらを研究に組み込む必要があれば，当然ながら，研究手法は必ず調査面接になる。他の方法で代替することはできない。また，これらの構造化面接は多数に対して実施し，統計的に処理することがある（地域住民の1割にPTSDが見られた，というように）。

他に調査面接を用いたほうがよい場合として，相互交流があったほうがたしかな情報が得られる状況が考えられる。先の例を続けると，調査協力者に「書く」ことが得意ではない方（たとえば障がいがある，あるいは小学生低学年）が含まれている場合，③を質問紙調査に自由回答欄を設けても，回答はあまり期待できない。しかし，対面で配慮しつつ尋ねれば，答えてもらえる可能性は高く

第6章　面　接

なる。

　つまり，研究目的に即して調査協力者を選定し，その調査協力者の特徴に即して調査面接を選択するということである。年齢や障がい，相手に負担感を与えるような内容や偏見を含んだ内容を扱う場合などに，調査面接は適している。たとえば「もう海で働くことに未練はないのですか」と直接的に問われることが，被災して廃業した漁師にとってどのくらいつらいことなのか，都会育ちの面接者にはわからない。このような場合に，半構造化した調査面接なら言い回しを工夫するなどして慎重に進めることができる。あるいは，子どもを対象にした司法面接場面では，面接の仕方によって，証言内容の正確さが変わることも指摘されている（仲，2012）。

　さらに，検証すべき仮説や把握しておくべき調査協力者の生活文脈が十分にわかっていない場合にも，調査面接が適している。研究テーマに関連する現場に実際に参与し，観察法と面接法を組み合わせて，仮説を組み立てつつ研究を進めるという形が考えられる。これは**参与観察**，参加観察，あるいは**フィールドワーク**と呼ばれる研究に共通する研究スタイルである（第5章・第1章も参照）。ただし，「先行研究はないはず」と思い込んで事前の準備不足のまま調査をスタートさせてしまい，結果的にすでに明らかになっている以上の成果が得られないケースも散見される。調査面接を始める前に，国内外の文献をよく調べておくことが推奨される。

調査面接の協力者を選定する

　調査協力者の選定も調査面接には重要な準備である。女子高生が使いたい携帯電話の新しい機能を見出して，製品を開発するという研究をすることになったとしよう。携帯電話の基本機能はすでに十分なレベルに達していて，さらに存在しない機能について探るのであるから，調査面接で「どんな機能が必要ですか」と尋ねればよいわけではない。女子高生に新製品を開発してもらうわけではないのだ。

　たとえば女子高生どうしが携帯電話について気楽に話し合うことから，彼女たちの嗜好性や逆に気に入らない点を見出して，開発の手がかりを見出せる可能性はあるだろうか。このような狙いなら，うまく会話がはずむように「複数の女子高生を意図的に調査協力者に選ぶ」ことが大切だ。このように複数の同質の調査協力者による相互作用を狙いとした調査面接は，**グループインタビュー**

と呼ばれている。

> **Topic**
>
> グループインタビュー
> ●情報源としての他者
>
> 　グループインタビュー（あるいはフォーカスグループインタビュー）は，ビジネス，マーケティング，教育，健康科学，コミュニケーション研究等で多く使われている調査手法である。5, 6名からせいぜい10名くらいの調査協力者に集まってもらい，司会者（あるいはモデレータ，ファシリテータと呼ぶこともある）の進行によって行われる。
>
> 　グループインタビューでは，他者は情報源であり，人は自分の感情や意見を言葉で表現することができ，それを知るための良い方法の1つは集団での意見交換である，という前提がある。1対1の調査面接と比べた場合の利点としては，調査協力者間の相互作用によってリラックスした状態で話すことができる点や，また，他の人の意見に刺激されて気づいたことが意見として表明され，グループとしての意見の集約過程が見られるといった点があげられる。
>
> 　ただし，司会者の技術が結果を左右する手法でもある。2時間程度のインタビューで，質問はせいぜい4つか5つ程度に絞り，自由に話し合ってもらう工夫をする。携帯電話の選択理由を探る目的でグループインタビューをするなら，たとえば，購入した経緯（なぜ買おう・買い換えようとしたのか），最終的な決め手は何か，使ってみてどうだったか，今気になっている新しい機種はあるかなどが質問の候補だろうか。ただし，司会者はこれらを尋ねながらも，個々の回答を集めることより，目的（ここでは選択理由）を明らかにすることをつねに頭に置き，必要に応じて適切に質問する。
>
> 　「その機種はお子様向けだよ」という回答では，何歳ぐらいを「お子様」とイメージしているのだろう。司会者は自分の常識で判断するのではなく尋ねたほうがよい。あるいは，「一般的な意味で，子どもっぽさを感じさせるのはどこですか」などと，より詳しく回答してもらうための質問もしてみる。目的を意識しつつ，回答が司会者の腑に落ちるように，しかし流れを妨げないように質問をするには，一定の経験が必要かもしれない。
>
> 　グループインタビューは研究手法としては質的であり，量的データを得て統計的な整理をすることには適していない。結果の確からしさを確認するには，たとえば同様の調査協力者を対象に，複数回のグループインタビューを行うとよいだろう。あるいは，質問紙調査など別の研究手法と組み合わせることも考えられる。

第6章 面接

　もちろん、グループインタビューに限らず、調査面接では調査協力者の選定は重要な作業である。先述したM.I.N.I.（精神疾患簡易構造化面接法）を用いた研究のように、構造化面接で得られたデータから定量的な（地域住民の1割にPTSDが見られた、というような）結果を得ることが目的の場合には、**無作為抽出法**（偏りのないように、対象集団からランダムに選ぶこと。第2章・第3章も参照）が用いられる。母集団から偏りがないように抽出したサンプルに対して、PTSDの診断をつけ、集計して有病率を推定することができるのである。

　一方、半構造化面接はこのように「集計」することには向いていない。調査協力者に応じて尋ね方を変えるこの手法では、厳密な意味で「同じ質問をした」とはいえないので、単純には集計できないのである。むしろ、半構造化面接では、調査目的によりふさわしい調査協力者を「意図的」に選ぶことも少なくない。

　たとえば、ある被災地域で、今後の生活の仕方について高齢の漁師を中心に話を聞いているうちに、若い世代の漁師は震災以前から水産加工業など地域産業との連携に力を注いでいたことを知ったとする。若い世代では、震災経験として影響が大きいのは、海への恐怖ではなく、工場再建の見通しが立たないことかもしれない。高齢の漁師の話を十分に聞き取ることができたら、次に若い漁師を中心に調査協力を依頼することが考えられる。このような調査協力者の選び方を**有意抽出法**（第3章も参照）という。

　無作為抽出法にせよ有意抽出法にせよ、必要な調査協力者の数は2つの要素で決まる。どのような分析をするのかということ、それから、次の項で触れる時間と費用の問題である。

調査面接に必要な時間と費用を考える

　先にあげた「新しく翻訳した被災地向けのPTSD尺度が、日本で使っても本当にPTSDのリスクの高い人を見つける（スクリーニングする）ことができるかどうかを検討する」という事例を題材に、調査面接に至る作業を、以下に書き出してみる。

　　　第1段階：研究テーマを決め、調査面接という方法を選び、文献研究（や必要に応じて現場での予備的な聞き取りや観察）を行う。PTSD尺度の日本語訳を作成する。
　　　第2段階：インタビューガイド（次項参照）を作成し、予備調査を実施する。

第 3 段階：調査に関係する機関（この例では被災地の行政機関）への説明と許可の申請，面接者の所属期間での倫理審査への申請。
第 4 段階：複数の面接者が関わる場合にそのトレーニングの実施，調査協力者への依頼，謝礼などが必要な場合にはその準備。面接者と調査協力者のスケジュール調整と面接場所の確保（この例では公民館などの予約）。
第 5 段階：面接の実施と記録の作成。

　さて，これだけの準備にどのくらいの期間がかかるだろうか。第 1 段階は，先行研究を十分に参考にできれば時間はかからない。先行研究がなければ数カ月を要するかもしれない。第 2 段階も先行研究があれば，さほどの時間はかからない。ない場合，誰かにチェックしてもらいながらであれば 2 週間は必要だろう。第 3 段階は非常に時間を要することが予想される。被災地での調査では，被災者に過度の負担をかけることは倫理的に問題がある。被災地に還元できる成果が期待されるなら，地域での協力が得られるという側面も可能性は高いが，許可がおりるまでに数カ月を要するかもしれない。倫理審査は行政との打ち合わせと並行して行うことができるだろう。第 4 段階の面接者トレーニングは，一度に全員が参加できれば準備を含めて，実施には数日が必要だろう。しかし，面接者と調査協力者の日程調整，および面接会場の確保に時間をとられるかもしれない。第 5 段階では，東京から被災地を数回訪問するなら，たとえば 1 カ月必要だろうか。半構造化面接部分は，メモを書き起こし，構造化面接や質問紙とともに分析できるように整理する作業が必要で，これにも数週間がかかる。

　もちろん，この期間に当該の調査面接だけに取り組めば，もっと早く終わるかもしれない。実際には他の業務と並行して進めることが多いので，計画してから分析可能な状態になるまで，早くとも半年以上かかると考えたほうがよい。その大部分は，地元行政機関との打ち合わせになるだろう。このように，調査目的と調査協力者の設定の仕方によっては，少人数のデータを得るのであっても，調査面接にはかなり時間がかかることもある。

　費用の面では，東京から被災地への訪問であるから，交通費が最も大きな割合を占めるだろう。次に面接会場の確保と調査協力への御礼品（もしくは謝金）の費用も必要である。面接者トレーニングの会場や交通費，印刷費なども必要であるが，インターネットを使ったテレビ会議でトレーニングを行えば費用はほとんど発生しない。また，本研究は該当しないが，調査面接を録音できた場

合には，その書き起こしに，時間（自分で作業する場合）もしくは費用（業者に外注する場合等）が発生する。そもそも録音機がなければ購入しなければならない。こうしてみると，交通費以外は必ずしも大きな額にならないが，それぞれ研究を始める前に計算してみることが重要である。予算の範囲内でしかデータを集めることはできないのは当然のことである。

インタビューガイドを作る

実際に調査面接をする際には，すべての流れを頭に入れておくことは難しい。そこで面接時には脇に置き，質問内容を確認するためのメモを，あらかじめ作成しておく。これは**インタビューガイド**と呼ばれる。インタビューガイドに決まった形式があるわけではない。それぞれ使いやすいものを工夫すればよい。

構造化面接の場合は，インタビューガイド作成時に，質問の内容，順序，文章表現（ワーディング），回答形式を定めて，文章にしておくことになる。調査実施時には，インタビューガイドに書かれた文を，そのまま読み上げる形で進めることが多い。

高齢の方も含めた一般住民の方を対象にした，心と体の健康状態を尋ねる調査面接を考えてみよう。質問の順序は，答えやすいものや事実を先に，答えにくいものや感想・意見を後にするのが原則である。たとえば，健康の程度を数字で答えてもらってから，詳しい内容を聞く。体の調子を尋ねてから，心の調子を尋ねる，というように考える。ただし，前の質問によって，後の質問が影響を受ける（キャリーオーバー効果；第3章参照）ような順序にならないように気をつける。「震災のシーンを何度も見ると，トラウマになるという意見を聞いたことがありますか」という質問の後に「震災のドキュメンタリーを作成することに賛成ですか」と聞けば回答に影響がでることが予測される。

ワーディングは，第3章にも詳述されているが，わかりやすく短い表現であることが大切である。専門用語や曖昧な言葉，高齢の方が含まれている場合には外来語なども避けるようにする。また，「地震や津波を経験しましたか」というように，どちらを想定して答えてよいかわからない質問（**ダブルバーレル質問**；第3章参照）を使わないように気をつける。回答様式としては，選択肢を準備することが多い。ただし，選択肢だけでは言い残しがあるかもしれないので，自由に回答できるようにもしておくとよい。

2 調査面接の準備

---

1. 説明と同意
- ☐ 同意書を見てもらいながら説明する
- ☐ 説明書を渡す「いつでも確認できるように保管しておいてください」
- ☐ 同意書にサインをもらう
- ☐ 同意撤回書について説明して,手渡す「調査が終わってからデータを消してほしいときには,記入して送付してください」

2. 健康状態についての質問
1) 導入
   - ☐ 「この1カ月間のあなたのお体やお気持ちの調子はいかがでしょうか?」
2) 別紙を示しながら,体の調子について1~6を選んでもらう
   - ☐ 「そうですか,この1カ月のお体の状態について,もし状態を数字で言うとしたら,次のどれですか」
3) 選択した表現に即して話を聞く
   - ☐ 「○○○○(例:とても良い),ということでしたが,この1カ月間,どんな風に過ごしていらっしゃったのですか」
4) 別紙を示しながら,心の調子について1~6を選んでもらう
   - ☐ 「では今度は,この1カ月のお気持ちの状態について,もし状態を数字で言うとしたら,次のどれですか」
5) 選択した表現に即して話を聞く
   - ☐ 「○○○○(例:あまり良くない),ということでしたが,この1カ月間,どんな風に感じていらっしゃったのですか」

3. 終了時に説明を行う
- ☐ お礼の品は郵送すると伝える
- ☐ 疑問があれば連絡先に問い合わせるように伝える
- ☐ 必要な場合は,○○町保健福祉課の電話番号を渡す

図6-1 簡単なインタビューガイドの例

半構造化面接の場合も,インタビューガイドは同様に作成すればよい。ただし,質問の順序や表現は,面接の展開に応じて変えることがある。つまり,ガイドの使い方が構造化面接とは異なり,面接中や終了時などに,聴取した内容のチェックのために用いるのである。また,半構造化面接の場合,質問項目が追加されることもある。インタビューガイドも,経緯に応じて書き換えられることになるが,必ず以前のインタビューガイドも残しておくようにする。毎回の面接の様子はできるかぎり正確に記録しておくと,後に分析するときに混乱が少ない。

3 調査面接の実施

面接会場で

調査面接当日の服装は相手が不快に感じない程度に整える。調査面接を中断してしまわないように，トイレなども済ませておく。会場は事前にチェックしておきたい。たとえば，プライバシーが守れるかどうかは，内容に影響するので，他の人が出入りしないように工夫したい。研究室等の共同で使用されている場所なら，「面接中です。お静かに願います」などと，ドアに張り紙をしておくのもよい方法である。居心地の良さも大切だ。周囲の音がうるさかったり，寒すぎたり暑すぎたりすると，面接者も調査協力者も集中しづらい。特に，録音をする場合は，後で聞き直してみると音楽や騒音ばかりが入ってしまうこともあるので，事前に試し録音をしておく。録音機は予備の電池やバッテリーを準備しておくほうがよい。あるいは録音機が2台あると確実である。記録にビデオカメラを使う場合もある。ただし，これらAV機器の使用には抵抗のある調査協力者も少なくない。最初は目立たないところに置いておき，許可を得てから位置決めをするのも工夫の1つである。

　椅子や机の配置は柔軟に考えて配置する。正面で向かい合ってインタビューする場合もあるが，テーブルの角を使って90度で座ると共有する資料等がある場合にはお互いに見やすい。調査協力者の片方の耳が聞こえにくい場合には，聞こえやすい反対側に座るべきだろう。調査協力者が来室したら，きちんと挨拶をする。調査協力者を緊張させないように，笑顔で迎え，調査に協力してくれることにお礼を言う。さらにリラックスできるように少し雑談をしてから面接を始めるのもよいし，逆に淡々と進めたほうが安心できる場合もある。

質問

半構造化面接の場合，質問の仕方が重要である。もちろん，インタビューガイドを作成した段階で，質問の下案はできている。しかし，「この1カ月のお体の調子について，次の6つから選ぶとしたらどれですか」と尋ねて，「3のやや良いかな」という答えが返ってきたら，次にどう尋ねればよいだろう。「なぜ，『やや良い』なので

すか」と聞いてみても「いや，すごく良いというわけでもないし」と返ってくる。

じつはこの「なぜ，○○なのですか」という質問は調査協力者に自由に答える機会を与えるが，調査協力者にとってはときに答えにくいこともある。またたとえば「なぜ言ったのですか？」には，非難のニュアンス「言うべきではなかった」が伝わることすらあるので注意したい（鈴木，2005）。

最初の質問の後に追加する質問としては，次の5つがあげられる。

明確さの追求
「○○ということの理由はどういうことですか」「その例についてお話ください」「今お答えになった○○はどんな意味ですか」

経路の追求
「だれがそう言ったのですか」「どこでそれを聞かれましたか」

仮定的追求
「○○という条件がなかったらどうするのですか」

反応追求
「○○について，個人的にはどう感じますか」

強圧的追求
「本当にそう思うのですか」「あなた自身がそう考えるのですか」（矛盾した回答や陳腐な回答の場合に用いるが，相互信頼感がないと使えない）

（出所）　鈴木（2005）

ただし，このような分類が重要なのではなく，さまざまな表現を工夫しながら，面接者は調査協力者の話を「腑に落ちるまで聞く」のが基本である。録音しているから後で聞き直せばよい，と考えてどんどん質問を進めるのは得策ではない。あくまでその場で納得しながら聞き取ることを心がける。また，つねに研究の目的を意識しながら，質問を行うことが大切である。

4 面接データの分析

記録とデータの編集作業

調査面接における回答は記録する。録音・録画をする場合には，個人情報を含むデータの管理の仕方についてあらかじめ説明し，同意を得ておく必要がある。AV機器を使わない場

合には，回答は面接者が記録しておくことになる。構造化面接の場合には，インタビューガイドどおりに面接が進むので，記録欄をインタビューガイドに組み込んで作成しておくと便利である。一方，半構造化面接の場合は，ノート，メモ用紙を挟んだライティングホルダーなどを準備して，必要な精度で回答を記録する。逐語録が必要な場合には，面接者と記録者を兼ねることは大変なので，2名チームで面接することも考えると良い。

　面接時に気づいたことは必ずメモをしておく。構造化面接の二者択一での回答（クローズドクエスチョン）であっても，調査協力者が迷うことがある。たとえば「壺か花器のどちらがいいかは決められないけど，形だけなら壺が面白い」という回答が得られた場合，回答は「壺」としておくが，欄外にその経緯を記録する。なぜなら，想定外の回答に対して，面接場面での即座の判断で決めてしまうと，複数の面接者が関わる研究や，1名で行っている場合でも時間が経つと，各々の判断基準がずれることがあるので，後で突き合わせる作業が必要になるからである。

　予定数の面接が終了すると，得られたデータを利用可能な形にして保存する。録音，録画された調査面接の場合，文字に書き起こす。業者に発注することもできるが，腑に落ちるまで聞き取った面接者のほうが，高い精度で書き起こすことができるので，可能なら面接者自身が行うほうがよい。ノートやメモに記録されているものも，あらためて打ち直し，データ化しておく。先に示したように，構造化面接で判断に迷った事例については，この段階で，すべての事例を通して最終的に回答を決定すれば，面接ごとにばらばらの基準で判断されてしまうことを防ぐことができる。このような編集作業を通して，以後修正されることのないオリジナルのデータとなる。これを以下では**プロトコル**と呼ぶ。

データの分析

　構造化面接で特に回答形式が選択肢になっているものは，数え上げて，数値として分析することが多い。いわゆる量的な分析が可能である。求めた形式で回答が得られればよく，詳細なプロトコルはこの分析では必ずしも必要ではない。

　これに対して，半構造化面接などで得られたプロトコルについては質的な分析となる。まず，基本となるのはプロトコルを何度も読むことである。気になる点，興味をもった点はメモを作っておく。つじつまが合わない部分，言いよ

どんでいる部分，急に話題が変わった部分，よくわからない表現，何度も使われている言葉など，を記録しながら，全体像を頭に入れる。言い換えると，疑問や関心をもちながら読むのである。この作業を通して，調査の目的が再度明確になることもある。逆に，この段階が不十分だと，この後の分析手法をうまく活かすことができない。

テキストマイニングという分析方法は，プロトコルのなかでどのような単語がどのようなテーマで用いられているのかを検討するものである。このためのパソコン上で動くプログラムも複数提案されている。

たとえば，プロトコルを読む作業で「直接，津波で家屋や家族が無事だった私たちは，『人前』で震災の話をしないようにしている」という表現が気になったとしよう。被災者はいつどこでどのように経験を話しているのだろうか。このことを明らかにするために，プロトコルのなかで「震災の話」と同時に使われている名詞を抽出していくと，①「無事だった私たち」「人前」，②「心のケア」「集会所」，③「テレビ」「誰とも」といったパターンが見つかったなら，「震災の話」の語られ方のバリエーションと被災地状況の複雑さを整理する手がかりが得られる。この分析手法を用いるなら，単語が正確に記録されたプロトコルがデータ化されていることが必要である。

一方，最もよく使われる分析方法は，**カテゴリ分析**（能智，2011）だろう。プロトコルを用いた概念化・カテゴリ化を行う。グラウンディッドセオリー，解釈学的現象学的分析，実証的現象学的分析，あるいは日本ではKJ法，SCAT，SCQRM，複線径路・等至性アプローチといったものが提案されているが，いずれもプロトコルを任意の小部分に分け（1文ずつとか意味のまとまりごととか），それぞれの内容を要約したり，あるいは他の部分との関連を示すような見出しをつけ，この見出しを手がかりに小部分のグルーピングを行う。このまとまりを**カテゴリ**と呼び，次の段階ではこのカテゴリ間の関係づけを行う。このような作業は，ワードプロセッサや表計算ソフトを利用して作業している人もいれば，カードに書き出して，机の上で動かしながら検討する人もいるが，専門のソフトウェアもある。

たとえば「直接，津波で家屋や家族が無事だった私たちは，『人前』で震災の話をしないようにしている」について，「人前で話をしない」と見出しをつけ，他に「集会所に行って，心のケアの人が来れば，少しだけ話すことがあ

る」という部分には「専門家に話す」という見出しをつける。このようなものを集めて「震災について語る」というカテゴリができるかもしれない。他に「話した後の後悔」「他の人の感じ方を知る」といったカテゴリが得られると，3つのカテゴリの関係は，原因とその結果として見出すことができるだろう。

　最後に，**シークエンス分析**は，プロトコルのなかにさまざまなつながりや関係性を見つけようとする方法である。ナラティブ分析，会話分析，ディスコース分析等がある。

　　　女性E：でも…やはり，その8月始まった当初は，訪問の仕方っていうか……，どういう形で行ったらいいかっていうのをすごくみんな悩みながら始めたんですね。やっぱり，私たちも何かしら物を持って（笑），回ったのを覚えてます。
　　　女性A：そうそう。やっぱり，「回るのにはこういうものがあればいいよ」みたいな，そういうアドバイスもあったりして。
　　　女性D：セットがあったもの。回るのには。

　（……）の長さは沈黙を表している。このプロトコルでは，3名の被災地支援員が訪問の仕方がわからず，物を持っていったことが語られている。しかし，Eはその行為が適切かどうか疑念をもっていることを，沈黙や笑いで示した。そして，「みんな」が悩み，「私たちも」物を持っていったと語る。これに応じてAはアドバイスがあったことを加え，自分たちだけの判断でないことが共有されている。このようにして，訪問の正当性が確認されているのである。この分析では，沈黙や笑いといった情報が含まれたプロトコルが必要になる。

　本章ではそれぞれの分析を詳しく紹介することはできないが，分析の仕方によって，必要なプロトコルの形式が異なることに注意してほしい。それは調査面接の準備や記録の作り方に関係しているのである。調査面接は，入念に準備をしてなお，その場での対応力が求められる研究手法であるが，分析の深さと手法の幅広さは魅力的である。

第7章
尺度構成

LEARNING OBJECTIVE

- ✓ 心理調査における構成概念を測定するための尺度構成の重要性を学ぶ
- ✓ 心理調査における尺度の性質を理解する
- ✓ 知覚・感覚を測定するための尺度構成法の特徴を知る
- ✓ 評定尺度を用いた尺度構成法の特徴とその作成過程の概略を学ぶ

KEYWORD

尺度構成　尺度　構成概念　名義尺度　順序尺度　間隔尺度　比率尺度　感覚量　精神物理学　精神物理量関数　間接尺度構成　直接尺度構成　サーストン　閾　丁度可知差異　一対比較法　マグニチュード推定法　多次元尺度構成法　心理的距離　リッカート尺度　相関関係　因子　因子分析　確認的因子分析　信頼性　妥当性　セマンティック・ディファレンシャル法

第7章 尺度構成

1 尺度構成とは何か

心理尺度と測定

本章では，心理調査において数値を割り当てること，すなわち測定の意義や，測定において数値をどのように割り当てるかを定める規則である尺度，そして，その規則を用いて数値を割り当てる手順である**尺度構成**に関して紹介する。心理学における測定と尺度，そして，尺度の構成の仕方として，何を学ぶかの概要を理解することが本章での目標となる。言い換えれば，心理調査を行うために必要となる，心を測るための「ものさし」である心理尺度の種類や特徴，その作り方や使い方といったことのあらましを本章で学ぶことになる。

行動の測定が心理学・心理調査では必要と述べたが，どうしてであろうか。心の動き，精神活動は，それ自体を取り出して，直接測ることはできない。このため，心の働きを理解するには，行動を測定し，私たちの行動の特徴を記述することが不可欠である。たとえば，新しいお菓子が好まれるどうかの調査であったり，鏡に映る像が左右逆さまに見えるのはなぜかを研究するといったことを考えてみよう。想定しているお菓子に対する行動，あるいは，鏡に映った像を見ながら私たちがどのように振る舞うのかを測定せずに，心の働きを考えることは難しい。測定という言葉は本書のなかでもたびたび出てくるが，なんらかの基準にもとづいて，測りたいと思う対象に数値（あるいは，分類のための記号）を割り当てることを測定と呼ぶ（南風原他, 2001）。測定対象に数値を割り当てるための規則が**尺度**となる。

心理調査における尺度の重要性

お菓子への好みを測ることを例にして尺度を考えてみよう。対象となるお菓子が好まれるのであれば，目の前にそれがあれば，たくさん食べられるであろうし，そうでなければ，手にも取ってもらえないだろう。とすれば，このお菓子が好まれるかどうかは，そのお菓子が食された重さで測れそうである。このお菓子が食された重さは，秤で量ってもよいし，一口大のチョコレートやシュークリームのようなものであれば，食された個数を数えることでも代用できる。秤による測定では，グラ

ム（g）やキログラム（kg）といった単位で数値が示されるが，食された個数自体も数値である。すなわち，重さの単位，あるいは個数が，対象となる行動を測定するための尺度となる。心理調査においては，第 3 章で学んだように，質問紙法を用いて回答結果に数値を与える**評定尺度**もよく用いられる。お菓子の例で考えると，想定されるお菓子が「非常に好き」から「全く好きでない」の 5 段階で評定を求めることで，対象となるお菓子の好ましさを検討することがある。この場合，「非常に好き」という回答には 5 点，「全く好きでない」へは 1 点といった規則を設け，各評定に数値を与える，すなわち評定尺度を適用することにより，このお菓子への好ましさを測ることになる。

心理調査では，評定尺度を用いて，私たちの性格といった，抽象的な**構成概念**に関する測定を試みることも行う。構成概念は，食されたお菓子の重さといったような直接的で客観的に測定できるものではなく，あくまで，私たちの行動を筋道の整った論理で説明するため，あるいは将来起こりうる行動を予測するための考え，アイディアである（第 3 章も参照）。このため，構成概念に関して測定するための尺度自体を開発すること，すなわち，尺度構成を必要とする場合は多い。心理調査を行うために，どういった行動をどのように数値に割り当てるのかという規則自体を作る必要があるだけでなく，できあがった規則，尺度がどのような性質をもつのかに関しても考慮する必要が生じる。次節では，尺度構成そのものの話に入る前に，心理尺度として用いられる尺度の性質を紹介し，第 3 節以降にさまざまな種類の心理尺度の紹介を行う。

2 尺度の性質：測定のための 4 つの尺度

数値を割り当てるといっても，重さや面白さといった程度や量を表すために数値を用いるだけでなく，特定の対象や出来事を明確にするために数値を用いることもある（Ray, 2011 岡田編訳 2013）。たとえば，電話番号や学籍番号といったものが数値で表される。これは，どこに設置されている電話なのか，また，いつ入学したどの学生なのかを他の学生と間違えることなく識別するために数値を割り当てている。特定の対象や出来事，1 つひとつに数値を割り当てることも，それぞれを識別するために設けた規則にもとづく数値化となるので，尺

度の一種である。このように，心理調査で用いる尺度は，量を測るものと，識別や分類といった質的なものを表すものとに分けることができる。Stevens（1951）によると，測定尺度は，**名義尺度**（nominal scale），**順序尺度**（ordinal scale），**間隔尺度**（interval scale），**比率尺度**（ratio scale）の4種類に分けられ，名義尺度と順序尺度が質的なものに，間隔尺度と比率尺度が量的なものに対応する。

名義尺度

名義尺度は，先ほどの電話番号の例のように，特定の対象や出来事，1つひとつに数値を割り当てる尺度である。割り当てられた数値が分類や名前をつけるという活動と同等の役割を果たすことから名義という言葉を用いる。特定の対象や個体を他のものと間違えずに識別するために数値を割り振ることは，社会の有り様を整理し，理解するためにも利用される。すなわち，社会調査において重要な意味や意義をもつものである。

心理調査においても，私たちの行動を分類や整理し，測定対象とする行動が生じた頻度などを測るために，特定の対象や出来事を明確に識別するのに数値を割り当てる。たとえば，お菓子という言葉から想い起こされた事柄が，おいしさ，懐かしさ，美しさという3つの内容に分類されたとしよう。これらを集計，整理するために，便宜的に，おいしさ，懐かしさ，美しさそれぞれに1，2，3という数値を割り振る作業は心理調査では頻繁に行われる。

なお，名義尺度で数値を割り当てた場合，割り当てられた数値を足したり，引いたりすることは無意味である。名義尺度における数値は，あくまで，特定の対象や個体を，1つひとつ明確に識別するためだけのものである。

順序尺度

順序尺度は，測定したい対象や出来事の特徴のなかでも，順位，順番という側面に関して数値を割り当てる尺度である。順位をつけるということは，なんらかの次元に着目し，測定したい対象や個体，出来事を並べることを意味する。ただし，対象を並べるだけであるので，着目した次元における対象間の違いの大きさは全く考慮せずに，数値を割り振る。

出生順序を考えてみよう。兄弟や姉妹に関して説明する際に，長男，長女といった第1子なのか，第2子以降かを述べることがある。これは，出生日時に

着目し，生まれてきた順番に子どもを並べ，順位を表す数値を割り当てることである。ただし，この数値には，第 1 子出生から第 2 子出生までの間にどれだけ時間を経ているのかは全く反映されていない。

　順序尺度には順位を表すことにより，特定の対象や個体を明確に識別すること以外の情報は含んでいない。たとえば，サッカーの J リーグを考えてみると，第 1 位のチームと第 4 位のチームの強さの違いと第 5 位のチームと第 8 位のチームの強さの違いが同じであると考えることはできない。さらに，順位のみを表しているということは，第 1 位と第 4 位を合わせた強さと，第 2 と第 3 位を合わせた強さが同じという意味にもならない。このため，名義尺度と同様に，順序尺度においても，順位の値どうしを足したり，引いたりするといった計算は不適切であり，平均値などを求めることも無意味である。

　心理調査においても，順序尺度は，好きなお菓子の順位を尋ねる，お菓子という言葉から連想された事柄が想い出された順番を記録するといったように用いられる。評定尺度も，厳密にいえば，「非常に好き」から「全く好きでない」までの数段階の順位を示すものである。ただし，心理調査を実施し，分析する際には，評定尺度は，次に取り上げる間隔尺度と見なすことが一般的である。

間隔尺度　　間隔尺度は，測定したい対象における大小関係といった順序だけでなく，割り当てられた数値間の差の大きさ，すなわち，間隔にも意味をもつ尺度である。この性質を満たすため，間隔尺度における数値の間は等しい間隔となる。すなわち，間隔尺度においては「1」と「4」との間隔は，「5」と「8」との間隔と等しくなる。たとえば，温度の単位，セ氏（℃）も間隔尺度である。セ氏は，水が凍る温度を 0℃ とし，沸騰する温度を 100℃ と設定したうえで，30℃ と 50℃ の間の差は，60℃ と 80℃ の差と同じになるように数値を割り当てた間隔尺度である。温度において，セ氏と華氏（℉）で 0 度の定義が異なるように，0（ゼロ），あるいは原点を任意に設定できるのも間隔尺度の特徴である。間隔尺度は平均値や分散，標準偏差，相関係数といった，ほとんどの統計量を算出することができる。

　この統計量に関する性質のため，心理調査においても，評定尺度を間隔尺度と見なすことが行われている。たとえば，5 段階評定（5 件法とも呼ぶ）を考えてみよう。「非常に好き」に 5 を，「全く好きでない」に 1 を割り当てること，

あるいは「非常に好き」に 2 を,「全く好きでない」に -2 を割り当てることは, いずれも評定尺度として設定することが可能である。ただし, 評定尺度を間隔尺度と見なすためには, 厳密には,「非常に好き」から「全く好きでない」の間が等間隔に区切られ, 数値を割り当てたという仮定が満たされることが必要である。第 8 章で紹介されるような知能検査の点数や, TOEFL や TOEIC といった英語の能力に関する試験なども間隔尺度としての性質を満たすように検査や試験が構成されている。こうした検査や試験では, それぞれの設問への解答をその正誤によって区分する, すなわち, 名義尺度水準で解答を正誤に分類し, 正答の個数が検査や試験の得点に反映されるように, 正答に対して数値を割り振る。このように心理調査における尺度構成では, 名義尺度や順序尺度から間隔尺度を構成することが多い。

比率尺度　　比率尺度も量を測定するための尺度である。間隔尺度と同様に, 割り当てられた数値の順序関係や数値の間隔が等間隔であるとともに, 絶対的なゼロ, 原点が存在することも比率尺度には求められる。比率尺度には自然に定まる原点が存在するため, 値の比を取ることも可能になる。言い換えると, 足し算, 引き算, 掛け算や割り算といった四則演算のすべてが比率尺度では可能になる。

このため, 比率尺度であれば, 幾何平均や調和平均といった間隔尺度では算出できない統計量がすべて算出可能である。対象の物理的な特性である重さの尺度であるグラムや, 長さの尺度であるメートルといったものが一般的によく知られる比率尺度である。心理調査において比率尺度を構成することは珍しいが, 比率尺度による測定を心理調査で利用することは多い。たとえば, 移動距離を測ったり, 摂取した食べ物の重さやカロリーを計るといった場合には, 比率尺度を用いて行動が測定されることになる。

3 知覚・感覚の測定と尺度構成

精神物理学的尺度構成法　　明るさや音の強さといった物理量で表される刺激の強さと対応する主観的な刺激の大きさを数値で表す

こと，すなわち**感覚量**を測定することは，19世紀の**精神物理学**研究から始まる心理学における測定の基礎を築いたテーマである。感覚の変化は刺激の変化と1対1の対応関係にないことが多い。たとえば，音の強さという物理量が，2倍になったとして，音の大きさ，すなわち，音の感覚においては，音が大きくなったことがかろうじてわかる程度である。音の強さという刺激の物理的特性が変化するとともに，音の大きさがどのように増えていくかを知るためには，刺激の強さと音の大きさの双方を測定する必要がある。音の大きさという感覚を測定するためには，感覚量に数値を割り当てる，すなわち，感覚属性の精神物理学的尺度を構成することが不可欠である。

精神物理学研究では，音の大きさ，明るさ，色相，痛み，温かさ，味，においといった感覚属性に関する精神物理学的関係（**精神物理量関数**；psychophysical magnitude function）を調べる実験を行い，感覚と刺激の関係を検討してきた。こうした検討が感覚属性の精神物理学的尺度構成法を実用的にも有用なものへと発展させた。たとえば，主観的な音の大きさを2倍にするためには，物理的には約2倍ではなく，約10倍のエネルギーが必要とわかったことは，コンサートホールなどの聴覚に関わる各種システムの設計に役立っている。音の大きさだけでなく，照明の設計や，臨床的な痛みの測定，食品産業における味やにおいの定量化においても，精神物理学的尺度構成の成果が活かされており，心理調査の日常生活への応用の点でも重要な尺度構成法である。また，味やにおいといったものに代表される，一次元よりも複雑な心理的判断，すなわち潜在的に多次元と想定されるような心理的事象に対する尺度構成として多次元尺度構成法（後述）の研究開発も進んでいる。今日では，多くの多次元尺度構成法が編み出され，心理調査で利用されている。本節では，精神物理学における代表的な尺度構成法の概要を主に紹介する。

間接尺度構成と直接尺度構成

感覚量の尺度構成は，物理的にわずかに異なる刺激の違いを区別できるかどうかを問う弁別反応をもとに尺度を構成する**間接尺度構成**と，刺激間の心理的な差を直接判断する，あるいは感覚量間の比率関係を直接判断することから尺度を構成する**直接尺度構成**に分けることができる（Gescheider, 1997 宮岡他訳 2002）。間接尺度構成においては，ある刺激と別の刺激を区別できるかが研究参加者に問われるだけであり，

心理的な差に関する量的な判断を求められることはない。ある刺激と別の刺激を区別するのに必要となる刺激の強さの最小限の変化量を測定し，これを感覚量の尺度を作るのに用いるのが間接尺度構成である。直接尺度構成は，たとえば，2つの音の大きさを比べ，一方の音の大きさがもう1つの音の大きさの何倍かを直接的に問い，感覚量の尺度を作るものである。

間接尺度構成においてはある刺激と別の刺激を区別できるかを測る弁別測定が重要な役割を果たす。この役割を理解するために，最初に，フェヒナー（第1章参照）の考え方を整理する。次いで，間接尺度構成の代表例である**サーストン**（L. L. Thurstone, 1887-1955）の一対比較法の概要を紹介する。

◆ **間接尺度構成**

心的事象が意識的に経験されるためには，ある最小限の変化を超えることが必要である。ウェーバー（第1章参照）やフェヒナーは，この閾（threshold）と呼ばれる概念を実証的に測定する方法を生み出した。彼らは，研究参加者が検出可能である最も弱い感覚を生起させるのに必要な刺激の強さ（絶対閾）を，重さや長さといった物理量で示した。また，この絶対閾よりも強い刺激が示されたときに，刺激の大きさの違いが区別できる最も小さな刺激の変化を**丁度可知差異**（JND；第1章参照）と呼ぶ。この丁度可知差異を生じさせるのに必要な刺激の強さの変化量を弁別閾と呼び，これも物理量で定義した。JNDは感覚における検出可能な最小の変化であるため，つねに心理的に同じ大きさであると仮定される。このため，JNDは感覚量の基準となる単位である。このようにJNDを定義することにより，フェヒナーは絶対閾からJNDで何単位分かを数え上げることで感覚量の尺度を構成した（Gescheider, 1997 宮岡他訳 2002）。

◆ **間接尺度構成としての一対比較法**

絶対閾と弁別閾は感覚を単位として記述されるのではない。これらは，ちょうど検出できる，あるいは，ちょうど弁別できる点における刺激の物理量で記述される。そのため刺激の物理的特性の制御と測定ができない場合，精神物理量関数を得ることはできない。サーストンは，絵画の美しさ，お菓子のおいしさのような刺激の物理的特性を適切に決められない複雑な対象において，刺激の弁別のみから間接的に心理尺度を構成するために，**一対比較法**（method of paired comparison）を構築した。

　一対比較法では，1つの刺激がもう1つの刺激よりも，ある属性に関して，大きいとか好ましいと判断される回数の比率から，2つの刺激の心理尺度値を計算する。互いに混同されやすい刺激は心理的に似ていると仮定し，心理尺度値の差異も小さくする。それぞれの刺激が混同されなくなれば，心理的に異なると仮定し，心理尺度値の差異も大きくなるように心理尺度値を定める。一対比較法の実施においては，2つの刺激がつねに対で呈示され，判断に迷う場合であっても，強制的に2つの刺激のいずれか一方が大きい，あるいは好ましいといった判断を下すことが研究参加者に求められる。たとえば，2つのお菓子を見せたときに，どちらがより好ましいかを尋ねたとしよう。2つのお菓子が甲乙つけがたく，好ましさの優劣がつけられない場合は，それぞれのお菓子が好ましいと判断される比率は50％に近づくはずである。こうした場合には，両者の心理尺度値の差異は小さくなるように双方のお菓子に数値を割り当てる。逆に，どちらか一方のお菓子が圧倒的に好まれる場合，より好ましいと判断される比率は100％に近づくはずであり，両者の心理尺度値の差異が大きくなるように尺度値を割り当てる。このように一対ずつ比べることで，それぞれの刺激に心理尺度値を割り当てることができる。一対比較法にもとづいて心理尺度値を推定する際には，「ケースV」と呼ばれる仮定による算出が一般的である。前節で紹介した尺度水準の観点からすると，一対比較法は，比較判断という順序尺度水準の判断から間隔尺度を構築する尺度構成法である。

　サーストンの一対比較法は，明確に刺激特性を示すことができない芸術作品の美的価値や態度や嗜好の測定といった社会心理学的側面へ心理学的測定の応用分野を広げた。なお，この方法では，研究参加者は，対象となるすべての刺激の組み合わせとなる刺激対に対して比較判断を下すことが求められる。このため，対象とする刺激が増えると比較判断を求められる刺激対の個数が急激に増加し，測定に多くの時間を要するといった研究参加者の負担が大きくなる場合がある。

◆　**直接尺度構成としてのマグニチュード推定法**

　感覚に対する観察者の量的判断を用いて感覚量の尺度を構成するのが直接尺度構成である。たとえば，光Aと光Bという2つの光の明るさを示し，光A

は別の光Bよりも3倍明るいといった回答が得られたときに,「3」という数値を直接に測定値として用いて尺度を構成する。感覚の直接比率尺度構成法としては,**マグニチュード推定法**がよく知られている。

マグニチュード推定法においては,複数の刺激がランダムに呈示され,それらの刺激がどのくらいの大きさに感じられるかを,その感覚に対応すると思われる数値に換算して回答することが求められる。最初に呈示される刺激に当てはめる数値も,特に指定はなく,適当と感じられる数値をそのまま回答に用いることができる。当てはめる数値の範囲に限度はなく,整数でも小数でも,あるいは分数でもかまわない。大事なことは,それぞれの刺激に割り当てた数値が,主観的な大きさ,すなわち感覚量に合うように心がけることである。呈示された刺激の心理尺度値は,それぞれの刺激に割り当てた数値の平均値となる。異なる研究参加者の心理尺度値を統合する場合,各刺激に割り当てた値に対して幾何平均を算出することが推奨されている。

マグニチュード推定法は簡便に実施できるため,感覚に関する尺度構成に留まらず,金銭の心理的価値や,情動経験といった,あらゆる心理属性の尺度化に応用することができる。たとえば,Holmes & Rahe(1967)は,生活上のさまざまな出来事によって生じる情動的ストレスをマグニチュード推定法により測定した。彼らは配偶者との死別,退職,結婚といった生活上の出来事それぞれの重大さに関するマグニチュード推定を研究参加者に求めた。人生変化単位と名づけられたマグニチュード推定による尺度値は,11から100の範囲にわたるものであった。軽微な法律違反の尺度値が11であり,配偶者との死別が100となっている。この「人生変化単位」と呼ばれる尺度値を用いて,心臓発作経験者を対象とした調査が行われ,発作直前の6カ月間に人生変化の総量が大きいことも示唆された。マグニチュード推定法は心臓病患者のリスク要因を定量化する手段をも与えているのである。

多次元尺度構成法

この節では,これまで,心理的現象を1次元で測定するため尺度構成法を紹介してきた。しかし,測定したい心理的現象が1次元ではなく,複数の次元から成り立つ場合も心理調査ではしばしば起こりうる。こうした場合,複数の心理的次元を設定し,それぞれの次元について尺度値を各刺激に割り当てるという,**多次元尺度構成法**(multidimensional scaling；MDS）が開発されている。

　サーストンの一対比較法を例に考えてみよう。3つのお菓子に対する好ましさを，一対比較法を用いて検討すると，ケーキAはケーキBよりも好まれ，ケーキBはケーキCよりも好まれる比率が高いという結果が得られたとしよう。こうした場合に，ケーキAとケーキCを比べると，ケーキCのほうがケーキAよりも好まれるということが珍しくない。これは，「おいしさ」という特徴で，ケーキAとケーキB，あるいはケーキBとケーキCの好ましさが決まるのに対して，ケーキCとケーキAを比較する際には，「価格の安さ」という特徴で好みが決まるということがありうる。こうした場合，「好ましさ」が2次元の要素から成り立つと考えられ，1次元の尺度のみで，各ケーキに尺度値を割り当てるのは不適当である。多次元尺度構成法は，心理的現象に対してこのような複数次元からなる多次元空間を想定したうえで，各刺激に尺度値を割り当てるという尺度構成法である。

　多次元尺度構成法を行うには，各刺激間の**心理的距離**を表すデータを収集することが必要となる。心理的距離とは，各刺激どうしの類似度と関連づけて捉えられる概念である。2つの刺激の間で似通っていると判断される程度が大きければ，2つの刺激間で推定される心理的距離は小さいと考える。複数の刺激どうしを一対ごとに比較判断するという手順から類似度を算出することができるため，多次元尺度構成法を理解するうえでも，サーストンの一対比較法を理解することは有用である。ほかにも，心理的距離の算出の仕方や，心理的距離を表すデータから複数の次元それぞれに尺度値を割り当てる計算手法として，色々な計算方法が開発されている。

　心理調査においても，多次元尺度構成法は応用範囲が広く，重要な方法である。たとえば，商品やブランドといったものは，それ自体，多次元な要素から成り立つものである。多くの商品やブランドが消費者の心理的空間のなかのどのような場所に位置づけられるかを知ることは，マーケティングにおける消費者理解として重要な課題である。こうした課題に対して，多次元尺度構成法により，各商品やブランドに尺度値を割り当ててみるという試みは実務的にも有益な示唆を与えるものであり，心理調査の活用の一例である。

4 評定尺度を用いた尺度構成

リッカート尺度による心理尺度構成

◆ リッカート尺度とは

複数の質問項目に関してそれぞれ評定尺度を用いて回答を求める形式のものを心理尺度と捉える人が多いほどに，評定尺度を用いた心理尺度は一般的となっている。心理調査においては，態度や性格，あるいは感情などの構成概念（第3章参照）を測定するために評定尺度は頻繁に用いられる。たとえば，衝動性という構成概念を検討した山口・鈴木（2007b）では，「必要のないものを買ってしまう」や「何をしているのかわからなくなる」といった25個の質問項目からなる衝動的行動の起こりやすさを測定する心理尺度である衝動的行動質問紙を作成した。この尺度では，各質問項目に記載された行動に対して，「全くない」を1という数値を，「非常によくする」に5という数値を割り当てる5段階の評定尺度により研究参加者の回答を求める。衝動的行動質問紙のように，質問項目で示された行動を研究参加者がどの程度行うのか，あるいは，質問項目が研究参加者にどの程度当てはまるのかを5段階や7段階など数段階の評定尺度で回答を求めるのが**リッカート尺度**である。評定尺度を用いて構成された尺度は，間隔尺度と見なすことが一般的である。

◆ 構成概念と因子分析

構成概念を測定するための心理尺度をリッカート尺度などの評定尺度を用いて構成するには，お互いに関連する質問項目の集まりが必要になる。特に，態度などの構成概念は，単一の質問項目で測ることは難しい。このため，測定したい構成概念と関係する複数の質問項目への評定結果を合成することで構成概念の測定値を定める必要がある。それぞれの質問項目どうしの互いに関連し合う部分に構成概念が表現されているともいえる（小塩，2011）。

たとえば，衝動的行動質問紙の「あまり考えずに買い物をしてしまう」ことを頻繁に行う人は，「必要のないものを買ってしまう」ことも頻繁にしがちであるという関連がある。すなわち，どちらかの行動をよく行うと評定すると，もう一方の行動もよく行うと評定する関係がある。これを正の**相関関係**がある

4 評定尺度を用いた尺度構成

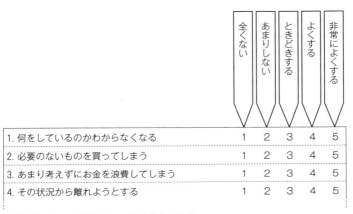

（出所） 山口・鈴木（2007b）をもとに作成。

図7-1 衝動的行動質問紙からの抜粋

と呼ぶ（第2章も参照）。こうした質問項目どうしの関連の背後にある共通する要因を**因子**と呼ぶ。この因子と測定したい構成概念とが適切に対応していることが評定尺度による心理尺度構成において重要である。また，ここでの因子とは，各質問項目への評定，すなわち反応に対して影響をおよぼす潜在的な変数である。こうした因子を見出すのが**因子分析**と呼ばれる多変量解析の技法である。

評定尺度による心理尺度構成においては，測定対象の構成概念が複数の概念によって構成される場合も多い。こうした場合の心理尺度構成においては，複数の因子から構成される心理尺度が作成される。構成された心理尺度が複数の因子から成り立つということは，前節でも紹介した，多次元の尺度構成が行われたことを意味する。たとえば，衝動的行動質問紙の25個の質問項目（図7-1）は，「衝動買い行動」や「放棄・パニック行動」など5つの下位尺度と呼ばれる衝動的行動に区分される。これは，因子分析を用いることで，25項目の衝動的行動の起こりやすさどうしの関連の背後にある5つの因子を確認したことにもとづく。リッカート尺度など評定尺度を用いる心理尺度構成においては，衝動的行動質問紙のように複数の因子から成り立つ多次元尺度が構成されることが多い。

因子分析は，評定尺度を用いた心理尺度構成においては，質問項目を整理す

る際に用いられることが多い。たとえば，衝動的行動質問紙も因子分析を用いて質問項目の整理を行っており，その手順は次の通りである。最初に，さまざまなタイプの衝動的行動を自由記述により収集し，先行研究の知見も参考に「衝動買い行動」や「放棄・パニック行動」などの5種類の行動に衝動的行動を分類した。各分類に該当する行動に関する質問項目をそれぞれ7項目ずつ作成し，計35項目の質問紙を作成した。この35項目からなる質問紙への回答を大学生に求め，その評定データに対して因子分析を行った結果，5つの因子として衝動的行動類型が求められた。また，いずれの因子にも関連しない項目を質問紙から除外した。その結果，各行動類型それぞれに5項目ずつを含む計25項目の衝動的行動質問紙が作成された（質問紙作成の手順については，第3章第2節も参照）。

さらに，山口・鈴木（2007b）においては，異なる研究参加者に25項目の衝動的行動質問紙を実施し，**確認的因子分析**を用いて衝動的行動質問紙が5つの因子で構成されることを確認している。これは，各因子がいずれの項目で構成されるのかという因子構造をあらかじめ仮定したうえで，実際の研究参加者の評定データは仮定した因子構造によって説明できるのかを検討したということである。このように，近年は，あらかじめ，構成概念を測定する項目と因子との関連を想定しておき，確認的因子分析を行い，あらかじめ想定されていた項目群と各因子との関連が成り立つかどうかを確認する方法が尺度構成のために用いられることも多い。

◆ 尺度構成における信頼性と妥当性

評定尺度を用いた心理尺度構成において**信頼性**や**妥当性**（第3章第4節参照）が高まるように工夫することは，重要である。たとえば，衝動的行動質問紙において，山口・鈴木（2007b）は内的整合性による信頼性をクロンバックの α 係数を求めることで確認している。併存的妥当性も衝動的行動と関連が示唆された他の心理尺度（評定尺度）との相関から確認している。さらに，山口・鈴木（2007a）において，衝動的行動のなかでも「放棄・パニック行動」に着目し，衝動的行動質問紙の構成概念妥当性を検討した。彼らは，呈示された刺激に対する誤った反応（エラー）という，実際の問題解決場面における衝動的行動が出現する頻度や課題中の放棄・パニック状態に関する評定が，衝動的行動

4 評定尺度を用いた尺度構成

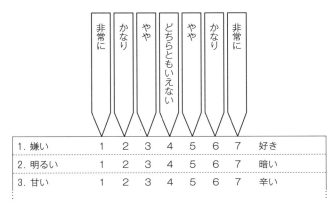

図 7-2　SD 法の項目例

質問紙における「放棄・パニック行動」の測定値によって説明されることを示した。すなわち衝動的行動質問紙の「放棄・パニック行動」における構成概念妥当性が確認されたといえる。構成概念妥当性の検討は，第 3 章第 4 節でも紹介されたように，心理尺度構成において容易な課題ではないが，心理調査の応用として期待される「行動の予測」を行ううえで重要な課題であることを忘れてはならない。

セマンティック・ディファレンシャル法による尺度構成

評定尺度には，**セマンティック・ディファレンシャル法**（SD 法）と呼ばれる，相互に反対の意味となる形容詞を両極に配置する方法もある。SD 法においては，評定対象となる刺激を研究参加者に対して示し，その刺激から連想される形容詞に関して数段階の評定尺度で回答を求める。ただし，リッカート尺度と異なり，評定尺度の両端に相互に反対の意味をなす形容詞が配置されている（図 7-2）。たとえば，「チョコレート」の写真を刺激として研究参加者に呈示し，チョコレートに対して，「非常に嫌い」を 1，「どちらともいえない」を 4，「非常に好き」を 7 に割り当てた 7 段階評定により研究参加者の回答を得る。この際，評定尺度の両端にある形容詞を無作為に左右に振り分け，回答への慣れや飽きを生じにくくすることで，回答者の「不注意」や「手抜き」（第 3 章 Topic 参照）を避けるための工夫がなされることが多い。SD 法による評定尺度が両

極尺度とも呼ばれるのに対して，リッカート尺度は「全く当てはまらない」から「非常に当てはまる」といった，ある行動や項目，概念に当てはまるか否かという単一方向の評定を求めるものであるため，単極尺度とも呼ばれる。

　SD法は，オスグッド（C. E. Osgood, 1916-1991）が情緒的意味を客観的に測定するために考案した手法である。SD法もリッカート尺度による尺度構成と同様の手順で構成概念を測定するための尺度構成を行うことが可能である。SD法は，近年では，嗅覚や味覚などを測定する評定尺度として用いられるだけでなく，自己や他者といった人や，商品やサービスのブランドの印象やイメージも対象に，幅広い分野の心理調査で用いられている。

Try

心理尺度の探し方と使い方

1. 信頼できる尺度を探そう

　評定尺度を用いた心理尺度として，多くの尺度が開発されている。たとえば，Google Scholar（第1章参照）で，「心理尺度」と入力してみると約10万件が該当する（2017年2月時点）。心理尺度は心理学だけでなく，医学や工学，あるいはマーケティングや経営学の分野でも作成されている。多数の尺度が存在するのであるから，心理尺度の作成を考える場合，心理尺度の項目作りや質問文の作成を試みる前に，検討している構成概念を測定する尺度を探す必要がある。心理尺度に似せたアンケートは世の中に氾濫しているが，その多くは本書で説明した手続きを踏まえておらず，信頼性や妥当性に疑問が残る。それだけに，どのような手順を踏まえて尺度の構成がなされたのか，尺度の信頼性や妥当性の検討過程がわかるものを探すことが大切である。学術誌に掲載された心理尺度は，尺度構成の方法の記述が詳細で，その信頼性や妥当性の検討過程を読者がたどれることが多いだけに，尺度を探す際に優先すべきである。

2. どこから尺度を探すか

　では，学術誌に掲載された尺度をどこから探すのか。次の3種の方法から尺度を探すことになろう。1番目には，関心を寄せるテーマに関する研究論文や資料を読むことである。学術誌に掲載された論文であれば，研究で使用した尺度に関する説明があり，その尺度の出典，あるいは，その尺度の構成方法や利用方法といった手がかりを得ることができる。2番目として，心理尺度を集めた書籍の利

用である。よく知られる書籍としては,『心理測定尺度集』第Ⅰ〜Ⅵ巻（サイエンス社）がある。この書籍は,学術誌（一部は学会発表）に掲載された尺度を,分野別に整理し,それぞれの尺度の信頼性や妥当性に関する検討の概略を紹介している。3番目として,インターネットで心理尺度を検索することがある。たとえば,日本パーソナリティ心理学会では,その機関誌『パーソナリティ研究』において発表された心理尺度の一部を,「心理尺度の広場」(http://jspp.gr.jp/doc/scale00.html) で紹介している。

なお,心理尺度を集めた書籍やホームページで心理尺度を探した場合,出典元となる論文を確認してから,心理尺度を利用することが必要となる。

3. 尺度の使い方

候補となる尺度を見つけたとして,次に問題になるのが,研究や心理調査の目的に適しているかどうかである。これを考える際には次の点を確認する必要がある。

① 候補となる尺度が測定する概念が研究や調査の目的,調べたい構成概念と合致するかを確認する必要がある。特に,尺度作成がなされた理論的背景や尺度が測定している概念の定義をきちんと把握することが必要である。

② 信頼性や妥当性がどのように検討されたのか確認する必要もある。この点は,第3章および本章第4節における信頼性や妥当性に関する説明も参考にすることが必要である。

③ 尺度で使用されている言葉遣い（ワーディング；第3章参照）や用語に問題はないか。想定する研究参加者の年齢などに応じて,使用される言葉遣いや用語の理解が難しく感じられたり,尺度作成者の意図と異なるように解釈される可能性もある。

以上の点を確認したうえで,問題がないようであれば,その心理尺度を利用することになる。既存の心理尺度を利用する場合は,（1）使用したい尺度を構成する,すべての項目を用いること,（2）各項目の文章や表現も,たとえ,ごく一部であっても勝手に変えないこと,（3）尺度の評定尺度も変更しない,という点を守ることにより,候補となる心理尺度を用いた先行研究と尺度得点の点からも比較することができる（丹野, 2014）。

第8章

検　査

LEARNING OBJECTIVE

✓ 心理調査と心理検査の違いや心理査定における心理検査の位置づけを理解する
✓ 心理検査法について，反応の仕方別にその特徴を学ぶ
✓ 反応の仕方別に，代表的な心理検査法の一例を知る
✓ 科学的な根拠にもとづく心理検査とはいかなるものか，またその作成過程の概略を学ぶ

KEYWORD

心理検査　心理学的測定　心理査定　精神測定論モデル　精神診断論モデル　行動論モデル　生体機能論モデル　反応形態　質問紙法　投映法　作業検査法　知能検査　精神年齢　生活年齢　知能指数　偏差IQ　標準偏差　正規分布　心身相関　精神生理学　生理心理学　生理指標　YG性格検査　SCT　内田クレペリン精神作業検査　標準化

第8章 検査

1 心理学における検査とは

はじめに

心理学で用いられる検査は、心理検査もしくは心理テストと呼ばれる。いずれも psychological test または psychological testing の邦訳語である。しかしながら日本で一般的に言うところの心理テストは、科学的根拠が乏しいものを含むことが多い。本章が心理学という科学的学問体系での検査を扱うことを踏まえて、ここでは心理テストの語を排して心理検査の語に統一することにした。そのうえで、科学的根拠の薄い心理テストは楽しんだり他者とコミュニケートしたりする手段の一つとして寛容に受け止めつつ、本章では心理学における検査の概要をつかんでいただきたい。また、この心理検査に関して、心理調査との相違点や共通点を把握してほしい。

心理調査と心理検査

心理検査は、行動の標本に対する客観的で標準化された測定と定義される（Anastasi & Urbina, 1997）。ここでは心理検査が行動の標本に対する客観的な測定であることと、標準化された測定であることとに分けて、その心理調査との異同について考えることにした。

まず前者について心理検査と心理調査とは、いずれも行動の標本に対する客観的な測定である。ここでいう行動は、身体の動き以外に、言葉や筆記などによる言語反応や生理的反応も含む。前章までに述べられたさまざまな心理調査法と同じく、心理検査でもこのような言語的あるいは非言語的に示された客観的行動の一部をもとにして人の心を探究する。

この点で心理調査と心理検査とを包括するものとして、**心理学的測定**（psychological measurement）の語も押さえておきたい。狭義の心理学的測定は、心理学的あるいは心理的なさまざまな現象を数値化して捉えることである（中島他, 1999）。ただしここでは、数値化困難なデータに依拠した質的研究の重要性が見直され始めていることも踏まえたい。量的研究が重視する数値化に限定せず、私たちが心理現象と考えている（感じている）ものをなんらかの形でデ

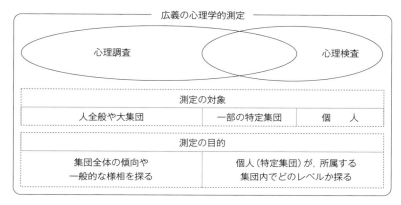

図 8-1　心理検査と心理調査との関係

ータ化すること，という広い意味で心理学的測定を捉える。

　現代の心理学は科学的な手法にもとづいて人間の心を理解しようと努めている。そこで人がどういった状況でどのような行動をとるのかといったデータを集め，そのデータと先行理論から目に見えない心の働きや動き，状態などを推測するという研究手続きをとる。このため，心理学的測定は心理学研究の基本であり，心理現象のデータ化という意味で心理調査と心理検査のいずれもが心理学的測定である。

　しかし心理検査は，すでに標準化された手法を用いた測定である。標準化については第4節に詳述するが，「ある測定具による得点の平均値や集団の分布を明らかにすること」と，現時点では簡単に捉えて読み進めていただきたい。つまり心理検査は，ある個人（ないしは一部の特定集団）について，一般的な傾向と比べてどのような心理・行動の状態にあるのかを探ることである。一方で心理調査は，一部の特定集団を対象とすることもあるが，大半は，人の心理とはどのようなものなのか，人はどのように行動するものなのかなど，人全般や対象となる集団全体の傾向を把握するために実施される。心理学的測定を行う目的が，心理調査と心理検査とで異なるということもできよう（図8-1）。

　先に記した通り，個人の状態や特性について，一般的な傾向と正確に比較ができなかったり，集団全体のどのレベルに位置するのかを把握できなかったりするものは，厳密にいえば，心理検査とはいえない。この考え方のもとでは，

第8章　検　査

検査道具の作成過程において高度な標準化の手続きを踏んだもの，もしくはその実施のみを心理検査であるとする。一定の科学的根拠を有しつつも十分な標準化に至ったといえないものは，技法（technique）や目録（inventory）と呼んで区別する。

　心理検査の心理調査との違いについても記してきたが，ある種の心理検査技法を心理調査に活用したり，心理検査の基本的な考え方を心理調査に応用したりといったことはよく行われる。違いを理解したうえで心理調査に生かすことができるように，心理検査についても学んでいただきたい。

心理査定と心理検査

心理学の応用分野である臨床心理学やさまざまな心理学的援助に対する社会的認知や要請が急速に進む状況において，心理検査を心理査定や臨床心理査定の文脈でのみ理解するという誤解も生じているようである。こういった誤解をもたぬよう，あらためて前項に記した心理学全般，あるいはその研究の基本となる心理学的測定の文脈で心理検査とは何かを理解してほしい。そのうえで本項では，心理査定の文脈における心理検査の位置づけについて考えていくことにする。

　心理査定（psychological assessment）とは，さまざまな側面から個々人とその個人が抱える現在の問題との関係を理解しようとすることである（中島他，1999）。心理診断（psychodiagnosis）と呼ばれることもあるが，診断という語は医学用語であり疾病の分類という意味合いが強い。心理学や心理学的援助においてこれらの語を用いる場合には，疾病の分類に留まらず，より適切な援助を行うための基礎資料を得たり，予後を予測したりするための行為を指す。アメリカ臨床心理学会の影響や医療行為との区別という意味もあって，日本では心理査定という用語のほうが多用される状況にあるようである。

　少なくとも公認心理師法施行前の日本で心理学的援助の専門職として最も認知されていたのは臨床心理士であるが，実際，その日本臨床心理士会倫理ガイドラインや臨床心理士資格審査規程に専門業務の1つとして「査定」の語を用いた記述がある（表8-1）。臨床心理士資格の取得を目指したいという希望を有する読者もいると考え，4種の専門業務すべてを表に示した。なかでも本章に関連が深い臨床心理査定に関する説明文を長く引用したが，ここにも診断の語を避ける理由が記されている。

1 心理学における検査とは

表 8-1 臨床心理士に求められる固有な専門業務

臨床心理士資格審査規程　第 4 章「業務」　第 11 条
　臨床心理士は，学校教育法にもとづいた大学，大学院教育で得られる高度な心理学的知識と技能を用いて臨床心理査定，臨床心理面接，臨床心理的地域援助およびそれらの研究調査等の業務を行う。

① 臨床心理査定
　「診断」(diagnosis) ではなく「査定」(assessment) と表記。「診断」は診断する人の立場から対象の特徴を評価するが，「査定」はその査定(診)される人の立場からその人の特徴を評価する専門行為に主眼あり。
　種々の心理検査や観察面接を通じて，個々人の独自性，個別性の固有な特徴や問題点の所在を明らかにする。
　同時に，心の問題で悩む人々をどのような方法で援助するのが望ましいか明らかにする。
　他の専門家とも検討を行う専門行為を含む。
② 臨床心理面接
　来談する人の特徴に応じて，さまざまな臨床心理学的技法を用いて，クライエントの心の支援に資する臨床心理士のもっとも中心的な専門行為。
③ 臨床心理的地域援助
　地域住民や学校，職場に所属する人々(コミュニティ)の心の健康や被害に対する支援活動。
④ 上記①〜③に関する調査・研究
　心の問題に対する援助を行うための技術的な手法や知識を確実なものにするために，基礎となる臨床心理的調査や研究活動を実施。

（出所）　臨床心理士関係例規集（平成 25 年度版），日本臨床心理士資格認定協会ホームページ（http://fjcbcp.or.jp/rinshou/gyoumu　2017 年 2 月時点）をもとに作成。

　心理検査についても臨床心理査定のなかで触れられている。これを見てもわかる通り，心理検査は心理査定を行うための方法の 1 つとして利用可能なものである。ある個人（ないしは一部の特定集団）の特徴や個人差を測定するという心理学的測定の方法を，心理査定のために利用するということである。この理解によって，とかく陥（おちい）りがちなある種のまたは複数の心理検査を実施することによって，個人の全体や問題をすべて把握できたかのように捉えてしまうことを避けることもできる。心理査定における心理検査の役割は，面接など他の情報収集を補うものにすぎないと謙虚に考えておくのが良いだろう。

心理査定に関する理論モデル

　心理検査が心理査定のなかで用いられうることを前項で述べた。岡堂（1993）によれば，心理査定は心

表 8-2 心理査定の背景となる主要な理論モデル

① 精神測定論モデル (psychometric model)
　実験心理学の伝統から，計量的な分析を重視。
　客観的で，信頼性・妥当性が高いことを重視。
　検査得点そのものに意味があり，検査者の判断や推論は付加されない方が望ましい。

② 精神診断論モデル (psychodiagnostic model)
　精神分析理論にもとづき，心の内面における葛藤などの力動性を重視。
　個人の内面における諸要素の連関を把握できる。
　投影技法と標準化された検査を用いつつ，検査者がデータを統合する判断力を重視。

③ 行動論モデル (behavioral model)
　学習研究にもとづき，さまざまな問題を学習された不適切な習慣として捉える。
　客観的な行動査定が中心であり，性格特性やパーソナリティの力動性は重視しない。
　質問紙法や面接の他，自己報告行動を査定する場合もある。

④ 生体機能論モデル (eco-systemic model)
　個人を総合的に理解しようとする基本的姿勢を示す理論。
　個人や集団を生活体システムとして捉え，生態学的かつシステム論的に理解する。
　心理検査・生活空間・個人史的事実などの総合的な記述を重視。

（出所）　岡堂（1993）を一部改変。

理学的援助の実践家が準拠する理論モデルによって遂行される。主要な理論モデルとして，①**精神測定論モデル**，②**精神診断論モデル**，③**行動論モデル**，④**生体機能論モデル**があげられている。これらは，心理学という学問の発展に伴う4つのアプローチから整理したものである。心理検査そのものの背景となる理論モデルではないが，検査実施にあたる技法の選択や今後の検査技術・器具の開発にあたって押さえておくべき内容である。それぞれの理論モデルの特徴を表8-2へ簡易に整理した。

　先に，現代の心理学における研究手続きは，データと先行理論にもとづいて目に見えない心の働きや動き，状態などを推測するという流れにあることを記した。つまり，どのような理論に則るかによって，推測される内容が異なることもある。また，実施する心理検査とその検査結果を解釈するための理論に不一致があっては，推測が成り立たないばかりか誤った解釈すらしかねない。心理検査の選択や実施，結果の解釈にあたっては，その検査が有する理論的背景の把握が不可欠といえよう。

2 さまざまな心理検査法

心理検査の分類

心理検査にはさまざまなものがあり，日本でも毎年新たな心理検査が紹介される。アメリカでは2000種類もの心理検査が用いられているという報告もある。人格検査や知能検査，対人関係や適性に関する検査などといった測定内容による分類もあれば，個人に実施するのか集団に実施するのかといった分類もある。ここに集団で実施することもあると記したが，集団で実施した場合においても心理検査である限り，心理調査とは異なり，個人（ないしは一部の特定集団）の特徴や個人差を検討するための測定であることは前項に記した通りである。

経験したことがある読者が多いであろう知能検査や学力検査を例にとれば，小中学校の教室で一斉に行ったとしても，検査であるかぎり児童生徒個人もしくはその学級の知的レベルや学力レベルを調べることが目的である。日本の小中学生の知的レベルを知りたい，もしくは，中学1年生の学力レベルは10年前と今とでどう異なるかを知りたいなどという場合には，検査にはあたらない。この意味では，全国的に統一して実施される一部の知能検査や学力検査と呼ばれるものは，"知能調査"や"学力調査"と呼んだほうがふさわしいものもありそうである。

いずれにせよ先人たちがさまざまな分類を試みているが，非常に多くの心理検査の技法があるのでここにすべて網羅することはできない。ひとつあげるとすれば，被検査者による反応の仕方（**反応形態**）から分類する方法がよく用いられる。すなわち，質問紙法，投映法，作業検査法の3種への大別である。本章でもこの分類によって整理し，簡易にそれぞれの特徴と長所短所をまとめることにする。それぞれを述べるに先立ち，やや古い報告ではあるが，小川（1992）および同一著者による日本心理臨床学会発表論文集（小川他，2005）から抜粋した心理検査をこの3種に分類して表8-3へ示す。これらの報告は，心理臨床業務に携わる者が利用する頻度の高い心理検査を示したものである。心理学的援助の現場では，投映法による心理検査や知能検査の実施頻度が高いことがわかる。2011年に行われた臨床心理士の動向調査でも，心理査定に用い

表 8-3　臨床現場での利用が多い心理検査の反応形態による分類

質問紙法 (questionnaire method)
　YG性格検査，東大式エゴグラム (TEG)

投映法 (projection method)
　ロールシャッハテスト，絵画欲求不満テスト (P-Fスタディ)，文章完成テスト (SCT)，バウムテスト，風景構成法，家族画テスト，家・木・人物画テスト (HTP)，人物画テスト (DAP)

作業検査法 (performance-test method)
　内田クレペリン精神作業検査，ベンダーゲシュタルトテスト，ビネー式知能検査，成人用ウェクスラー式知能検査 (WAIS)，子ども用ウェクスラー式知能検査 (WISC)

られるものとして行動観察（56.0％）に次いで投映法による人格検査（描画によるもの 55.8％，描画によらないもの 34.2％）が続き，知能検査（54.7％），質問紙法による人格検査（51.5％）という順序であった（日本臨床心理士会，2012）。これに対して心理学的測定全般で見れば，『心理学研究』などの学術誌を見るかぎり質問紙法の利用が多い。

質問紙法　　質問紙法による心理検査を指標や目録と呼ぶこともある。測定する内容や概念を反映する質問項目群を設定し，その項目に対する回答を求める方法である。回答の仕方については，第 7 章で述べられたようにさまざまな選択肢の設定方法がある。多くの場合，回答者は自分自身について回答（自己評価）することになるが，他者について回答（他者評価）したり，特定の状況を設定したうえでその状況でとりうる自分の行動について回答（場面設定法あるいは場面想定法）したりといった方法もある。

長所と短所について，当然のことながらその詳細は各質問紙によって異なる。ただし，質問紙法全般としては，表 8-2 へ記した心理査定の背景となる主要な理論モデルのうち，精神測定論モデルに該当することに由来する事項が多い。いずれも他の反応形態による心理検査と比較した場合の長所と短所として捉えておくのが良い。

　　長所：検査者の技術力に左右されず，実施や結果の数値化を行える。
　　　　　客観的に被検査者の状態を把握でき，個人間の比較を行いやすい。

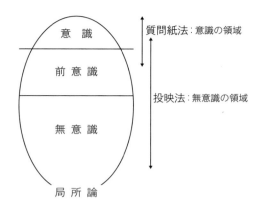

図 8-2　意識レベルと心理検査の種類：フロイドの局所論との関係

　短所：項目文を理解する能力がない被検査者には実施できない。
　　　　被検査者の意図の影響を受けやすい。

　2つ目の短所に関連して、心理検査と意識のレベルとの関係について触れておく。図 8-2 へ心理検査の反応形態とフロイト（S. Freud, 1856-1939）の局所論における意識、前意識、無意識の各領域との関係を示した。質問紙法は意識領域を、投映法は無意識領域をそれぞれ測定するという簡易な捉え方もあるが、質問紙へ回答することによって（回答の途中で）、意識していなかった自分の状態に気づくこともありうる。この点で、質問紙法は意識領域から前意識領域にかけて関連すると考えておくのが良いであろう。

投映法　　**投映法**による心理検査をひかえめに投映技法（projection technique）と呼ぶことも多い。測定しようとするなんらかの概念に関連する事柄を直接的に尋ねることはせず、曖昧な刺激（図形や絵、文章）を被検査者に呈示する。そのうえで、その刺激に対して何を見るのか、どのようにその刺激を捉えるかなどといった事柄について回答（反応）を求める。また、ある一定のルールに従って被検査者に絵を描いてもらうという方法もある。呈示した刺激に対する反応のあり様や描画されたものの様相から、被検査者の心の状態などを検査者が解釈（推測）するという手順をと

る。このように曖昧な刺激に対する反応や描かれた絵に被検査者の心の状態が投映（projection）されるという考えにもとづいており，基本的には精神診断論モデルを背景とする心理検査ということができよう。

質問紙法に関する項でも意識レベルと反応形態別心理検査の関係について記したが，こういった水準仮説の研究はシュナイドマンによる報告（Shneidman, 1949）が先駆的なものとされている。特に各種描画テストや主題統覚検査（thematic apperception test；TAT 呈示した絵をもとに自由な連想から物語を作成させる手法）を比較しながら，投映法の心理検査と意識レベルとの関係性を図示したことでも著名な報告である。図 8-3 は，シュナイドマンに報告された図を改編しつつ，表 8-3 に示した文章完成テスト（sentence completion test；SCT 第 3 節にも詳述）を入れ込んだものである。ロールシャッハテスト（インクのしみが何に見えるか報告させる手法）を基本的には無意識領域を捉える潜水艦として描きつつも，意識領域にも潜望鏡を出している。描画テストや SCT（シュナイドマンの報告では TAT）は前意識領域に浮かぶ船として描かれ，甲板など意識領域にある部分も多く，船底は無意識の領域にある。

先述のとおり，さまざまな書籍に質問紙法検査は意識を，投映法検査は無意識を測定するという記述が散見される。詳細を省けばそうとも言えようが，シュナイドマンによる初期研究の段階から，投映法による心理検査全般としては幅広い領域を捉えると考えられていることを忘れてはならない。とはいえ質問紙法に比較すると意識レベルのより深い領域も考慮する検査法であることに由来して，いくつかの長所と短所が存在する。

長所：被検査者には自覚されていない心の状態も把握できる。
　　　被検査者の意図の影響を受けにくかったり，適用できる知的能力の幅が広かったりする技法が多い。
短所：検査環境により反応が変化することもあり，実施にあたって検査者の練度を要する。
　　　結果の解釈に検査者の洞察力や心理臨床的視点を要求することが多く，検査者としての熟練や日々の研鑽(けんさん)が要求される。

作業検査法

表 8-3 に示した心理検査の分類は性格検査（personality test）に限定した分類として利用されることが

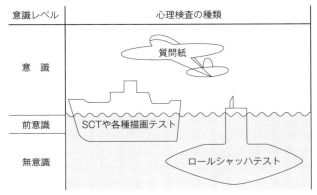

(出所) Shneidman（1949）を一部改変。

図8-3　意識レベルと心理検査の種類：シュナイドマンの分類

多いため，作業検査法に種々の知能検査を含めたことに異論もあるかもしれない。ただし，ここでいう**作業検査法**は，その検査技法のなかに，投映法のような解釈を伴う描画や，質問項目への回答以外の作業を被検査者に要求する心理検査のことである。作業の仕方や出来具合から心の状態を判断する。知能検査を除く作業検査法全般に対しては，質問紙法や投映法と比較して以下のような長所と短所が指摘されている。

　　長所：被検査者の意図が反映されにくい。
　　短所：時間がかかる割には表面的で限られた側面しか把握できない。

知能検査の代表的なものとして，ビネー式知能検査とウェクスラー式知能検査がある。日本で利用されているビネー式の検査には，鈴木ビネー式知能検査と田中ビネー式知能検査がある。2017年現在，鈴木ビネー式知能検査は2007年の改訂版が，田中ビネー知能検査はⅤ（ファイブ）が市販されている。検査項目が年齢順に配されており，どの項目まで正答できたかによって**精神年齢**（mental age）を判定する。そのうえで基本的には，精神年齢を**生活年齢**（chronological age）で除し，100を掛けて**知能指数**（intelligence quotient；IQ）を算出する。しかしこのIQ算出法では，年齢が高くなると生活年齢ばかりが高くなり，IQが低下したかのように値が算出されるという問題が生じやすい。「田中ビネー式知能検査Ⅴ」では，年齢が高い被検査者の場合にはウェクスラー式と同様に**偏差IQ**（Deviation IQ）を採用している。

第 8 章 検　査

　一方のウェクスラー式知能検査には，成人用（wechsler adult intelligence scale；WAIS），子ども用（wechsler intelligence scale for children；WISC），幼児用（wechsler preschool and primary scale of intelligence；WPPSI）がある。日本では現在，WAIS はⅢが，WISC はⅣが，それぞれ最新版として販売されている。ウェクスラー式知能検査は，測定する能力別に検査項目が配置されており，平均を 100，**標準偏差を 15 とした正規分布**（第 2 章も参照）にもとづいて偏差 IQ を算出する。つまり，同程度の生活年齢集団のなかで，どのレベルにその個人がいるかという考え方にもとづいて個人の知能を表す。

精神生理学的な方法への展望

　本節の最後に，精神生理学的（psychophysiological）手法にもとづく心理検査の可能性について触れる。心の状態と身体の状態は密接に関係していることから，**心身相関**に関する研究が進められている。なかでも，緊張すると心臓がドキドキするというような，心の状態による身体への影響性に関する研究を**精神生理学**と呼ぶ。厳密には，深呼吸すると落ち着くというような身体の状態による心への影響に関する研究は**生理心理学**であるが，精神生理学と生理心理学の区別は曖昧になってきている。

　精神生理学で測定される身体の状態を表す指標は，**生理指標**と呼ばれる。代表的な生理指標に，脳波などの大脳神経系活動の指標，瞳孔反射や瞬目反応などの視覚系反応の指標，心拍や血圧，呼吸などとそれに伴う内分泌系や免疫系の自律神経系活動の指標などがある。これらの生理指標は研究段階にあり，また個人差が大きいものも多いため，標準化された心理検査として扱われることはまだ少ない。

　ただし，一般にも知られるところでいえばポリグラフによる虚偽検出検査は，すでにほぼ一種の心理検査として位置づけられている。血流量による脈波や呼吸運動による呼吸曲線，精神性発汗に伴う皮膚電気活動など，複数の生理指標を組み合わせることで被検査者の心の状態を生理指標にもとづいて検討するものである。

　孤独感などの心理的ストレス状態と起床時コルチゾール反応（cortisol awakening response；CAR）との関連性を詳細に検討した報告などもある（Okamura et al., 2011）。この報告によれば，孤独感が高い場合には，低い場合に認められる出

勤日と休日との CAR の違いが生じない。

これら生理指標に関する検討では，いずれも個人内の変動に着目している。個人差が大きいために標準化困難とされる生理指標であるが，このように個人内変動の様相の差異を検討することで，検査としての展望が開かれてきたようである。簡便かつ連続的に測定可能な生理指標の測定法が次々に考案されており，より客観的かつ科学的な心理検査技法が発展する方向性の1つとして期待できる。

3 心理検査の具体例

質問紙法の一例：矢田部ギルフォード性格検査

本節では，表8-3へ示した代表的な心理検査のなかから，反応形態ごとに一例を紹介する。質問紙法としては矢田部ギルフォード性格検査（YG性格検査）をあげる。ギルフォード（J. P. Guilford, 1897-1983）らが考案した性格理論や人格目録，人事調査目録をもとに，矢田部達郎（1893-1958）らが項目を抜粋しながら13下位尺度156項目からなる性格検査を作成した。現在市販されているものは，これを辻岡美延（1925-2001）らが内的整合性（第3章参照）の観点により改良して12の下位尺度で構成したものである。小学生用から成人用まで準備されており，小学生用は96項目，中学生用，高校生用，一般用については120項目が配されている。

図8-4へ測定する12の下位尺度と，複数の下位尺度をまとめた上位因子を示した。各下位尺度が反映する状態に加えて，それぞれの上位因子に含まれる下位尺度標準値のばらつきによって，性格のゆがみや行動上に無理がないかといった点のほか，検査への取り組み姿勢などを検討できる。さらに，各下位尺度得点にもとづき図8-5のようなプロフィール図を完成させることにより，被検査者の全般的な性格について判定することも可能である。

投映法の一例：文章完成テスト

その知名度や心理学的支援における活用頻度を考えると，投映法としては前節に述べたロールシャッハテストや，木の描写に心的状態が投映されるというバウムテストをあげるのが

第8章 検　査

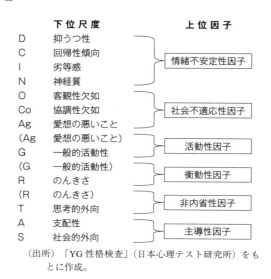

（出所）「YG性格検査」（日本心理テスト研究所）をもとに作成。

図8-4　YG性格検査が測定する下位尺度と上位因子

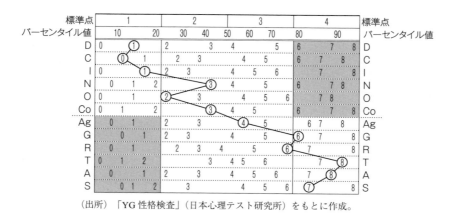

（出所）「YG性格検査」（日本心理テスト研究所）をもとに作成。

図8-5　YG性格検査のプロフィール作成用図のイメージ

適切かもしれない。しかし本書が心理調査の概論書であることを鑑みて，ここでは文章完成テスト（SCT）をあげることにした。19世紀の終わりから20世紀の初めにかけて，エビングハウス（H. Ebbinghaus, 1850-1909）が知的統合機能

156

の測定に刺激文の利用を試みた。その後，職業指導や情緒のはたらきを検討するために，この方法が応用されはじめ，さまざまな研究で活用されることになった。

　日本では，佐野勝男（1923-）らが作成，標準化した精研（精神医学研究所）式 SCT のほか，法務省式文章完成法（MJSCT）や構成的文章完成法（K-SCT）などが存在する。いずれも「子どものころ，私は」「私はよく人から」などといった複数の短い刺激文が準備されており，被検査者はそれを見て自由に文章を完成させる。このことを通じて，被検査者の特性を全般的に明らかにすることを目的とする。人格を全体的に広く概観できるため，人格検査として位置づけられることもある。また，紙面上で項目を用いることにより実施される検査であるが，刺激文の捉え方や完成させた文章に個人の人となりが投映されるという観点で投映法に分類される。

　精研式 SCT には 15 歳程度以上を適用年齢とする成人用，中学生用，小学生用（4 年生以上）の 3 種がある。成人用ではパート 1 と 2 のそれぞれに 30 ずつ，計 60 の刺激文が準備されている。中学生用と小学生用では各パートに 25 ずつの計 50 の刺激文が準備されており，成人用に比べるとそれぞれの年代に合わせて家庭などに重きを置いた刺激文が配されている。いずれも表 8-4 に示したスキームに沿って刺激文が準備されており，結果の解釈もこのスキームに則って行われる。また，特にスキーム内の「気質」を中心に情動的側面（基本的性格側面）について，クレッチマー（E. Kretschmer, 1888-1964）の性格類型に準拠して解釈がなされる。先天的要素の強い面として分裂気質，循環気質，粘着気質が，後天的側面の強い面として顕示欲，ヒステリー気質，神経質が検討される。

　以上，標準化された SCT について記したが，研究目的に応じて刺激文が準備されることも少なくない。そのような用い方によれば，心理検査というよりも心理調査としての活用も大いに期待できよう。なお，自身で刺激文を準備しようとする際の参考として，刺激文が短いと反応の規定度が少なくなり多様な反応を期待できること，長文形式にすると規定度が相対的に高くなり反応が限定されやすいことを押さえておくとよい。また，「私」などの一人称を用いた刺激文では自己開示（自分自身に関する言及）を促しやすく，三人称にすると自我の脅威になりにくく意外な暴露が多いとも言われている。

表 8-4 精研式 SCT のパーソナリティ・スキーム

スキーム			内容の例	
文化的（環境）	クラスターA（社会・生物的基礎）	社　会	社会的地位・経済水準・居住地域・親の職業	決定要因
		家　庭	家族構成・家族との関係・躾のスタイル・家庭の雰囲気	
生物的（遺伝）		身　体	健康・体力・容姿・特技	
		知　能	知能程度・見通し・評価の客観性・精神分化度	
心理的（生き方）	クラスターB（性格）	気　質	精神感性と気分の素因・精神テンポ・精神運動性	人格
		力　動	安定性・劣等感・欲求不満	
	クラスターC（指向）	指　向	願望・興味・生活態度・価値観・人生観	

（出所）佐野・槇田（1991），横田他（1997）をもとに作成。

作業検査法の一例：内田クレペリン精神作業検査

ドイツの精神医学者であるクレペリン（E. Kraepelin, 1856-1926）は，連続加算作業の実験から人間の精神作業には5つの因子（意思努力・気乗り・疲労・慣れ・練習）が内在することを見出した。内田勇三郎（1894-1966）がこの連続加算作業を性格検査に応用したことから**内田クレペリン精神作業検査**が開発された。図8-6 にこの心理検査のイメージ図を示したが，被検査者は隣り合う2つの数字を加算するという作業を一定時間繰り返す。時間が来たら次の行に進み，また同一作業を繰り返すというのが実施の手順である。

全体的な作業量はどの程度か，誤りはどの程度か，各行で達成した作業の最終点を結んだ曲線はどのような形になるか，などが結果を読み取る際のポイントである。作業量の段階に応じて健常者状態定型（定型）か，非定型であるかという観点でも検討される。定型とは，心的活動の調和・均衡がよく保たれており，性格や行動ぶりの面で問題がない個人の検査結果とされている。検査結果の見方として，曲線類型判定（定型からどの程度隔たっているかを判定，性格や

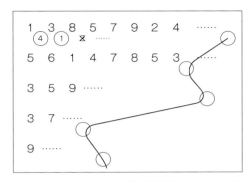

図8-6 内田クレペリン精神作業検査のイメージ

行動面の特徴や偏りの程度を予測）と個別診断的判定（定型とどんな点で食い違っているかを判定，性格や行動面の偏りの内容を予測）の2つがある。

　実施そのものは検査者に大きな負担はない。しかし，定型の判断にしても，曲線類型判定と個別診断的判定のいずれにしても，検査結果を解釈する者（判定者）の主観に依拠する部分が多く，判定を行うためにはかなりの習熟が必要とされる。数量化による判定方法も考案されている。

4 心理検査の科学性

心理検査の作成過程

　冒頭に記した通り，心理検査とは，行動の標本に対する客観的で標準化された測定である（Anastasi & Urbina, 1997）。つまり，科学的な手法に則って標準化までの過程を経て作成したものでなければ心理検査とは呼べない。図8-7に，この過程について質問紙法による心理検査を例にして示した。投映法や作業検査法の場合には図中で項目としてあるところを刺激（曖昧な図や短文）あるいは被検査者が描画したり作業したりする事柄として，精神生理学的な検査であれば生理指標として，それぞれ読み替えていただきたい。

◆ 測定内容の明確化

　心は目に見えないものであるため，その心の状態を命名した概念を適切に定

第8章 検　査

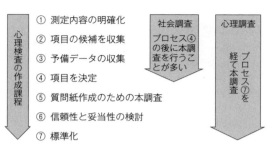

図8-7　質問紙法による心理検査作成のプロセス

義し，その概念を反映する行動の標本として適切なものが何かを考えることから心理検査の作成が始まる。病院や学校，司法場面や企業など，社会から求められる検査内容を適切に把握したうえで，何を測定する項目を作るのかという測定内容を明確にしておく必要がある。また，この段階では検査の目的に照らして，その心理検査を作成する背景理論についても検討することになる。

◆　項目の候補を収集

　次に測定内容に関する先行報告を参考にしたり，「○○について記述してください」のような自由記述の質問紙を実施したりしながら，項目群の候補を準備，収集する。測定内容を考慮しながら自分の経験や知識にもとづいて作成しても良いが，作成後には他者（できればその測定内容に関する専門家）にも確認してもらうように心がけたい。

◆　予備データの収集

　項目群の候補を決定したら，測定内容（定義した概念）と項目は一致しているか，被検査者となる者の年齢（発達段階）に適した文章であるか，項目数（回答に要する時間）は適切であるか，について再度確認しながら回答方法（選択肢の設定）を考えたうえで，予備データの収集を行う。回答方法については，第7章で述べられたさまざまな選択肢の設定方法を参照していただきたい。

◆　項目を決定

　予備データの収集過程で答えにくい質問はないかなど検討する。また，収集

したデータに著しい偏りはないか，本当に測定したい内容を尋ねられる項目群になっているかなどについても検討を行ったうえで，次のプロセスで用いる項目を決定する。なお，心理学における調査や検査のように概念を測定するものでない場合（社会の実態を捉えるための社会調査など）には，ここまでの過程を経た後に本番の調査に進むことが多い。

◆ 質問紙作成のための本調査

項目を決定したら，質問紙作成のための本調査を実施する。あらためて作成しようとする心理検査の目的や仮説，検査方法と一致するように母集団を決める。その後，サンプリング方法やサンプルサイズを考えながら，本調査への直接の参加者を決定する（近年，人を対象とする研究では，被験者や対象者と呼ばずに「参加者」の語を用いるようになってきたため，ここでもこの語を用いている）。

◆ 信頼性と妥当性の検討

本調査で得たデータを用いて，測定内容の時間的な安定性などの信頼性や，測定内容の正確さなどといった妥当性について検討する（第3章第4節「信頼性と妥当性」も参照）。人間全般や一定集団全体の傾向を把握するために実施する心理調査では，ここまでのプロセスを経た後に本番の調査が行われる。

標準化 一般的な傾向を探る心理調査と異なり，心理検査はある個人（ないしは一部の特定集団）がその傾向と比べてどのような心理・行動の状態にあるのか探ることを目的とする。このため心理検査の作成においては，どのような心理状態の人がどの程度の得点を示すのか，その得点に関して母集団の分布はどのようなものになるのか，何点以上の人を良好な状態と判断するかというような基準値（カットオフ値）は何点なのか，などについても明らかにしておく必要がある。この心理検査の作成プロセスにおける最終段階を，心理調査や心理検査に関わる尺度の**標準化**という（第2章も参照）。

このような標準化がなされた測定具を用いることにより，ある個人に心理検査を実施して，その個人が一般的な傾向と比べてどのような状態にあるのかを検討することが可能になる。標準化を行う際には，標準得点やパーセンタイル

表 8-5　標準化の例

素点	%値	T得点	判定	区分%
16	100	71		
15	97	67		
14	94	63	A	41.0%
13	89	59		
12	81	55		
11	59	51	B	29.1%
10	43	47		
9	30	43		
8	19	39		
7	10	35	C	29.9%
6	6	31		
5	3	27		
4	1	23		

平均値 $= 10.67$, $SD = 2.48$

（出所）　津田・田中（2009）を一部改変。

値の算出，ROC 曲線（receiver operating characteristic curve）を用いた検討などが行われる。これらの詳細は心理統計学での学習にゆずり，ここでは割愛することにして表 8-5 を参照しながら簡易な説明に留めることにする。

　これは 6500 名ほどの参加者を得て検討された，ある質問紙の下位尺度得点について示したものである。尺度得点の素点として 4 点から 16 点の範囲をとり，平均値は 10.67，標準偏差は 2.48 である。素点で 11 と 12 の間で区切ると，集団全体のうち 41％の人が A 判定となることがパーセンタイル値からわかる。また素点を正規分布に従うように変換した T 得点を見ても，おおむね全体の 3 分の 1 程度の人々は A 判定を得ることができそうである。この区分によると，ROC 曲線にもとづき他の外的基準と照らし合わせた場合に，感度が 0.81，特異度は 0.70 となった。この尺度で A 判定とされた者のうち 81％は正しくその水準にあるということであり，A 判定にならなかった者のうちたしかにその水準に達していない者が 70％ということである。感度を高く設定するほど特異度は低まるという関係にあることから，両者のバランスや検査内容によって区分値を決定することになる。

　やや複雑な心理統計学的な内容を記したが，ここで詳細を理解する必要はな

い。標準化とはいかなることなのか大雑把に把握しておき，今後の学習にて理解を深めていただきたい。

　以上，記してきたことで気づいた読者もいるかと思うが，心理検査の作成は心理調査の延長にあると考えることもできる。初めからなんらかの心理検査を作成するという意図をもって研究が進むこともありうる。ただし多くの場合は，心理調査を実施して明らかとなった内容について，より多くのデータ収集を行うなどにより標準化を進め，個人を測定するのみでその人の特徴を把握可能な心理検査道具を作成するということになる。冒頭に記した理論的な理解とともに，この研究手順としての心理調査と心理検査の関係性についても把握しておいていただきたい。

> **Topic**
>
> **心理テストの罠**
> ●「当たっている」と感じるのはなぜ？
>
> 　巷にあふれる科学的根拠の薄い血液型や生年月日による性格判断などの心理テスト。このような心理テストを真に受けるわけではないが，大衆雑誌などに掲載されているとついつい読み進めてしまう。読めば，たしかに自分に当てはまっている気がする。ごていねいにもそんな自分がどうしたら良いのかというアドバイスまでついているものもあり，ちょっとそれに従って生活してみようとする。そんな経験を有する読者も，少なくないのではないだろうか。
>
> 　ここで，以下の文章を自分の性格検査結果だと思って読んでみていただきたい。あなたは……
>
> 　① 自分自身に厳しい面があります。
> 　② 正しい判断や正しい行動をしたか真剣に悩むことがあります。
> 　③ ある程度の変化や多様性を好み，制限や限定をされると不快になります。
> 　④ あまりにも率直に自分のことを曝け出すことは浅はかだと気づいています。
>
> 　これらは，アメリカの心理学者フォアラー（B. R. Forer, 1914-2000）による古典的な実験研究に用いられた13文から抜粋したものである。この実験では，ある性格検査を実施して，実際には検査結果と無関係に準備した同一の評価を全員に与えた。にもかかわらず，①と②の文章は39名中38名が自分の性格として「当たっている」と判断した。③の文章では37名が，④で35名が，それぞれ

「当たっている」と判断した。また，総合して自分に当てはまるかを0（不十分）から5（完全）の6段階で評価させたところ，4以上とした学生が多数であった（Forer, 1949）。

　このように，多くの人に当てはまる一般的な記述を，自分個人に「当てはまる」正確なものと感じる傾向をフォアラー効果（forer effect）という。上記の実験成果を報告したフォアラーの名前にちなんで命名された現象であるが，バーナム効果（barnum effect）としてのほうがよく知られているようである。こちらは聴衆の心理操作に長けており"We've got something for everyone"（すべての人に当てはまるものを手に入れた）という言葉を残した興行師バーナム（P. T. Barnum, 1810-1891）の名に由来する。

　さらにいったん「当たっているかも」と思ってしまうと，人はその記述に適合する情報を探したり，思い出したりしやすくなるという確証バイアス（comfirmation bias）も明らかにされている。いずれも，心理検査の選択やその結果の読み取り，結果の伝え方などを考慮する際に思い出すべき内容であり，心理検査だけでなく心理調査全般を学ぶ者として知っておきたい知見である。自分自身が騙されないためにも知っておいて損はない。

　しかし，それはそれとして，雑誌の心理テストや毎朝の占いを純粋に楽しめなくなってしまうのもつまらない。私の今日のラッキーカラーは若竹色……。若竹色？どんな色なのだろう？緑色を身につけてもだめなのか？？？

第9章
実践と倫理

━━━ LEARNING OBJECTIVE ━━━
- ✓ 心理調査の計画や実施にあたり心得ておくべき倫理規範を学ぶ
- ✓ インフォームド・コンセントの重要性を理解する
- ✓ 個人情報と調査データの管理方法を学ぶ
- ✓ 熟練してなお求められる自己研鑽の姿勢を見据える

━━━ KEYWORD ━━━

倫理的配慮　ワーディング　倫理審査　インフォームド・コンセント　説明文書　同意書　オプトアウト　インフォームド・アセント　ディセプション　連結可能匿名化　連結不可能匿名化　プライバシー　捏造　改ざん　盗用

第9章　実践と倫理

1 心理調査の実践

倫理規範の重要性

　心理調査を計画し，実施するに至るまでのプロセスには，いくつかの大切なポイントがある。まずは，調査テーマを掘り下げて課題や問題をじっくりと精査し，これから行う調査の位置づけを明確にしなければならない。次に，調査する範囲や調査方法を具体的に検討することが大切になる。どのような人々をターゲットとして，どのように調査を行うのか，とりわけ調査の実践にあたってカギとなる調査票やインタビューガイド（第6章参照），実験プロトコルなどの立案には，多くの時間と労力を要する。

　また，調査を終えた後の結果報告や調査データの管理のあり方なども，調査を開始する前に吟味しておくことが欠かせない。そして，それらと同じく心理調査を実施するうえで重要なポイントとなるのが，調査協力者への**倫理的配慮**である。

　心理調査を活用すれば，個人の嗜好や態度はもちろん，個人と社会とのインタラクションを捉えることもできる。つまり，さまざまな社会事象を解き明かすことが可能になるわけであり，ビジネス，教育，医療福祉，行政，司法の現場など，心理調査が活躍する場面は多岐にわたるといえる。

　その一方で，心理調査の活躍の場が広がれば，それだけ多様な条件下で，さまざまな調査協力者に協力を募ることになる。調査の内容によっては，調査協力者に不愉快な思いをさせてしまったり，個人のプライバシーを脅かす危険などが生じることも考えられる。調査協力者への配慮に欠けた調査や，調査協力者へ不要な負担を強いるような調査は，適切な調査といえるだろうか。

　心理調査を行う者は，調査を実施することで調査協力者に不利益をもたらすことがないか，事前に十分な検討を行わなければならない。ほとんどの心理調査は，調査協力者にボランティア的な参加を求めることで成立している。そうした無償の協力行為があってこそ，調査が成立するわけであるから，調査協力者が不当な扱いを受けることがないよう，十分な倫理的配慮を行うことが求められる。

心理調査は社会の発展に大きく貢献するだろう。それ自体は申し分ないことであるが，調査者は，自身が負う責務をしっかりと自覚しておかなければならない。そこで本章では，心理調査の実践にあたって調査者が心得ておくべき倫理規範について案内し，適切でよりよい心理調査のあり方を考えてみる。

調査者の責務 先ほども述べた通り，心理調査を行う際には，調査協力者への倫理的配慮が欠かせない。心理調査を計画する段階で，あらかじめ倫理的問題が起こりうる事態を想定し，それらを防ぐための対策を講じておくことが大切になる。そこで重要なポイントになるのは，調査協力者の立場になって考えるということである。ごく当たり前のことのように聞こえるが，しばしば調査者の意識は，調査の意義や必要性を訴えることに向きがちである。そのため調査協力者への配慮が希薄になり，倫理的問題に関する判断が緩慢になる危険がある。その点については，心理学研究の文脈で調査もされており，杉森他（2004）は，研究者と参加者の倫理的な許容度には，一部乖離があることを明らかにしており，Brody et al.（2000）は，心理学研究の参加者の多くは，研究に参加した体験に否定的な感想をもつことを指摘している。

心理調査を行う際には，つねに調査協力者の立場に配慮し，客観性や公正性を重んじながら調査を進めることが求められる。これは，調査者の責務ともいえる。まずは，調査の大前提として，調査協力者の自由意思を尊重しなければならない。詳細は後述するが，調査協力者からインフォームド・コンセント（第2節に詳述）を受ける手続きはたいへん重要である。調査の内容についても，たとえば調査に含まれる質問内容の構成や文章表現（ワーディング：第3章参照）が，特定の立場や考え方を強調していないか，調査協力者の回答を誘導していないかなど，調査の中立性を保つような検討を心がけることが大切である。また，調査協力者の心身の安全を確保することも，調査者の責務となる。調査協力者への負担ならびに予測されるリスクを公正に評価し，それらをできるだけ小さくするような対策を講じなければならない。その他にも，調査に関わって得た情報を不用意に漏らすことは，調査協力者のプライバシーを保護するうえであってはならないことである。

以上のことは，調査協力者に対する調査者の責務となるが，調査者は社会に

対する責務も果たすことが求められる。特定の個人や団体の利益を追求することなく，事実に即した結果を中立的な立場から報告しなくてはならない。誤った情報を意図的に発信して人々を欺いたり，社会を混乱させるようなことは，倫理規範から逸脱した行為となることを肝に銘じておく必要がある。

調査計画の客観的評価 調査協力者への倫理的配慮をしっかりと果たすためには，自身の調査計画の内容を客観的な視点で吟味することが大切である。しかしながら，それを個人的な努力だけで成し遂げるには，限界があることも事実である。たとえば当該調査と無関係な第三者と議論を重ね，倫理的問題に関する検討を深めることも有効であるが，そうした機会を得ることが難しいこともある。そこで，施設内審査委員会（institutional review board；IRB）もしくは倫理審査委員会（research ethics committee；REC）などと呼ばれる組織を利用してみるとよいかもしれない。

これは，もともとアメリカで制定された国家研究法（national research act）という法律をルーツとして，コモン・ルール（common rule）と呼ばれる規則によって，人を対象とする研究の**倫理審査**を行う組織である。現在ではアメリカ以外の国でも広く認知され，日本においても数多くの委員会が設置されている。審査は中立的な視点から行われ，研究が倫理的に妥当であるか，また科学的にも妥当であるかをチェックすることで，さまざまな倫理的問題を未然に防ぐ機能を果たしている。そして最近では，生物医学研究だけでなく，心理学，社会学，教育学などに代表される，社会科学領域の研究の倫理審査を行う委員会も設置されてきている。

審査においては，研究の目的および方法，実施期間，期待される成果，協力依頼の方法やその際の説明内容，得られた資料やデータの保管，結果報告の方法など，必要事項を記入した申請書類を用意することになる。委員会からの指摘を受けて計画を修正することもあるが，こうした手順を踏むことによって，倫理規範からの逸脱を未然に防ぐことができる。また，申請者が自身の計画を客観視し，倫理的問題への認識を深めることにもつながる。心理調査を実施する際に，こうした倫理審査を利用できる環境にあるならば，まずは，委員会の内規や手順書などを参照してみてもよいだろう。

2 インフォームド・コンセント

基本的な説明事項　いよいよ心理調査を開始するとなると，調査協力者に対して，調査の目的や内容などを説明して，同意を得なければならない。これを**インフォームド・コンセント**を受ける手続きという。ここでポイントとなるのは，調査について十分に理解してもらい，協力するかどうかを調査協力者の自由意思で判断してもらうことである。

そのためには，調査の全般に関する情報をていねいに説明することが大切になる。そこで一般的には，**説明文書**を用意して説明を行うことになる。たとえば調査の目的は，調査協力者が理解しやすいように専門的な用語を平易な表現に置き換えたり，調査方法であれば，1回あたりの所要時間，実施の頻度やトータルの調査期間などに言及するといった配慮も大切である。

その他にも，調査協力者として選ばれた理由，協力は強制的なものではなく任意であること，不利益を受けることなく同意を撤回できること，調査によって期待される成果，調査協力者への負担ならびに予測されるリスク，調査結果の開示方法，プライバシーの保護，調査で得られた資料や調査データの保管，謝礼の内容などについて説明することが望ましいとされる。

また，調査者の氏名，所属組織，照会先などを伝えて，調査協力者が問い合わせをできるようにしておく配慮も必要である。調査の内容を曖昧に伝えて，実際よりも手軽な調査であるように装ったり，簡単な説明で同意を得たあとに，新たな条件を加えたりすることなどは，厳に慎まなくてはならない。

以上のように，調査協力者へ説明する内容は多岐にわたる。とはいえ，調査の内容などによっては，必ずしも説明を要しない項目もある。特定の項目を省略するかどうかは，調査者が決定することになるが，それもまた難しい判断となるだろう。たとえば心理学の諸学会が定めている倫理規準を参照したり，あるいは医学の領域になるが，インフォームド・コンセントを受ける際の説明事項が規定されている，文部科学省・厚生労働省（2014）の「人を対象とする医学系研究に関する倫理指針」を参照してみてもよいだろう（表9-1）。

表 9-1 インフォームド・コンセントを受ける際の説明事項

1	研究の名称および当該研究の実施について研究機関の長の許可を受けている旨
2	研究機関の名称および研究責任者の氏名（他の研究機関と共同して研究を実施する場合には，共同研究機関の名称および共同研究機関の研究責任者の氏名を含む）
3	研究の目的および意義
4	研究の方法（研究対象者から取得された試料・情報の利用目的を含む）および期間
5	研究対象者として選定された理由
6	研究対象者に生じる負担ならびに予測されるリスクおよび利益
7	研究が実施または継続されることに同意した場合であっても随時これを撤回できる旨（研究対象者等からの撤回の内容に従った措置を講じることが困難となる場合があるときは，その旨およびその理由）
8	研究が実施または継続されることに同意しないことまたは同意を撤回することによって研究対象者等が不利益な取扱いを受けない旨
9	研究に関する情報公開の方法
10	研究対象者等の求めに応じて，他の研究対象者等の個人情報等の保護および当該研究の独創性の確保に支障がない範囲内で研究計画書および研究の方法に関する資料を入手または閲覧できる旨ならびにその入手または閲覧の方法
11	個人情報等の取扱い（匿名化する場合にはその方法を含む）
12	試料・情報の保管および廃棄の方法
13	研究の資金源等，研究機関の研究に係る利益相反および個人の収益等，研究者等の研究に係る利益相反に関する状況
14	研究対象者等およびその関係者からの相談等への対応
15	研究対象者等に経済的負担または謝礼がある場合には，その旨およびその内容
16	通常の診療を超える医療行為を伴う研究の場合には，他の治療方法等に関する事項
17	通常の診療を超える医療行為を伴う研究の場合には，研究対象者への研究実施後における医療の提供に関する対応
18	研究の実施に伴い，研究対象者の健康，子孫に受け継がれ得る遺伝的特徴等に関する重要な知見が得られる可能性がある場合には，研究対象者に係る研究結果（偶発的所見を含む）の取扱い
19	侵襲を伴う研究の場合には，当該研究によって生じた健康被害に対する補償の有無およびその内容
20	研究対象者から取得された試料・情報について，研究対象者等から同意を受ける時点では特定されない将来の研究のために用いられる可能性または他の研究機関に提供する可能性がある場合には，その旨と同意を受ける時点において想定される内容
21	侵襲（軽微な侵襲を除く）を伴う研究であって介入を行うものの場合には，研究対象者の秘密が保全されることを前提として，モニタリングに従事する者および監査に従事する者ならびに倫理審査委員会が，必要な範囲内において当該研究対象者に関する試料・情報を閲覧する旨

（出所）　文部科学省・厚生労働省（2014）「人を対象とする医学系研究に関する倫理指針」pp. 21-22 をもとに作成。

インフォームド・コンセントを受ける手続き　本来，調査協力者からインフォームド・コンセントを受ける手続きにおいては，文書での同意が原則とされる。一般的な手続きとしては，調査に関する説明を行い，応諾が得られたら同意書に署名をもらい，調査者と調査協力者の双方で1通ずつ保管するという手順になる。また，あらかじめ同意撤回書のフォームを用意し，調査協力者へ渡しておくような配慮もあるとよい。

　ところが，実際の心理調査を考えてみると，必ずしも調査協力者から文書での同意を得ることが可能な状況ばかりではない。たとえば調査票を用いた調査では，かなりの数の調査協力者に協力を募ることが多く，個別に対面でのインフォームド・コンセントを受けることは難しいこともあるだろう。また，最近増えているネット調査（第3章参照）や既存調査のデータを2次利用するような調査においては，そもそも調査者が調査協力者と接触する機会がない。こうした場合には，文書での同意とは別の方法を考える必要が出てくる。たとえば調査票への回答をもって，調査への協力に同意したとみなす旨を説明文書に明記しておいたり，調査を実施する際に広く情報を公開し，調査の対象とされることを拒否できる機会を保障する方法（**オプトアウト**）などがオプションとして考えられる。

　調査協力者が，子ども，障がいや疾患を抱える人，高齢であるような場合なども，インフォームド・コンセントを受ける手続きに配慮が必要となる。通常の説明では調査の内容に対する理解が難しいと判断される場合には，保護者やその他の親族などの代諾者から同意を得るということもある。ただし，代諾者から同意を得られたからといって，どのような調査を行ってもよいというわけではない。そのような状況であっても，調査協力者本人の理解力に応じて調査の内容を説明し，調査への協力について賛意を得るような配慮，すなわち**インフォームド・アセント**を得ることが大切である。

ディセプション　調査協力者からインフォームド・コンセントを受ける際には，調査に関する情報を正確に説明することが大切である。しかしながら，調査を開始する前に調査協力者へ詳細な情報を伝えることができないケースもある。たとえば調査の内容を知らせることで，調査協力者の反応（調査によって得られるデータ）が大きく変化してしまい，調

査が成立しないということが考えられるだろう。そうした場合，調査協力者へ意図的に虚偽の説明を行う，いわゆる**ディセプション**といった手段がとられることもある。

　このディセプションは，調査者には都合のよい手段であるが，事実を隠ぺいして調査協力者をだますわけである。当然ながら，調査協力者にとってみれば心証のよいものではない。ディセプションを行う場合には，調査協力者への悪い影響がないよう，特段の配慮が必要となる。まずは調査が終了した時点で，調査協力者に虚偽の説明があった事実をすみやかに申告しなければならない。また，調査の内容を事前に開示できなかった理由を伝え，調査に対する正確な理解を得ることが大切である。これらを踏まえたうえで，調査への協力に同意するかどうかをあらためて確認することが望ましい対応といえるだろう。

　いずれにせよ，こうした方法をとることには慎重であることが求められる。たとえば American Psychological Association（2010）による現行の倫理コードでは，科学的価値，教育的価値，応用的価値があり，ディセプションを用いなければ行えない研究・重度の苦痛を引き起こさないと判断される研究に限って，その実施が認められる。また，こうした欺瞞的な方法には，調査者自身が制裁措置や訴訟といったリスクを被る危険性があることも指摘される。できるだけ代替となる方法を検討し，それでも事前に調査協力者へ調査の内容を開示できないという場合には，前述した倫理審査を受けてアドバイスを仰ぐようなことも有効といえる。

3　個人情報と調査データの管理

匿名化の方法

　調査を行うにあたって調査協力者の氏名や住所，連絡先などの個人情報を収集することがある。当然のことであるが，調査者が収集できる個人情報は，調査と関係するものに限られ，どのような個人情報を収集して，どのような目的や方法で利用するのか，あらかじめ調査協力者へ説明して同意を得ておくことが必要である。

　調査協力者の個人情報は，調査データと連結できる形，すなわち**連結可能匿名化**をして保管するのが一般的とされる。まずは，オリジナルの調査データか

3 個人情報と調査データの管理

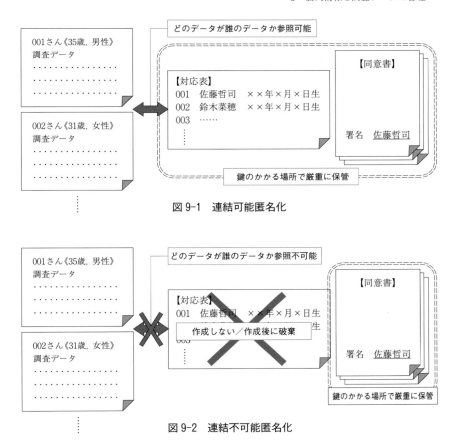

図 9-1 連結可能匿名化

図 9-2 連結不可能匿名化

ら個人を識別できる情報を切り離し，新たに管理番号をつけて匿名化する。そして，調査協力者の個人情報と管理番号の対応表を別に作成して，どのデータが誰のデータであるのか照合できるように保管をする（図 9-1）。そうすることで，調査協力者からのデータ開示やデータ廃棄の請求に個別に応じることが可能となる。その一方で，オリジナルの調査データから個人情報を切り離し，新たに管理番号をつけて匿名化をするが，対応表は作成しない（あるいは，連結可能匿名化の際に作成した対応表を破棄することによる）**連結不可能匿名化**という方法もある（図 9-2）。原則として，一定の期間が経過（たとえば調査協力者からのデータ開示などの請求に対応する期間が終了）した時点で，連結不可能匿名化するこ

とが望ましいとされる。

　また調査者は，調査結果の開示によって調査協力者の**プライバシー**が侵されることを防がなければならない。調査協力者の氏名のみ匿名化しても，結果報告の内容から調査協力者が特定される可能性もある。その他にも，調査協力者だけではなく，調査協力者の家族や周囲の人々，所属する団体や組織名などが特定されることがないよう，十分に配慮することも必要である。調査協力者への不利益が予想されるような場合には，結果報告のあり方を再検討するなど，適切な手続きをとらなければならない。

保管と廃棄　調査で得られた個人情報や調査データは，紛失や漏洩などを防ぐために，厳重に保管しなければならない。たとえば紙媒体の保管には施錠できる場所を利用し，電子媒体の保管には，外部と接続していないスタンドアローンのパソコンや，イントラネット上のサーバを利用し，パスワードをかけるといった管理が望ましい。また，それらにアクセスする権利を制限することも大切になる。基本的には，調査者以外の者が自由に扱えないようなルールを策定し，たとえ調査者本人であっても調査データを外部帯出する際には，事前に決めた方針やルールのなかでのみ行い，セキュリティを保証することが必要である。

　安全な保管を行うにしても，収集した個人情報をいつまでも保有することは望ましくないとされる。調査協力者の個人情報は，調査上の必要性が消失した時点ですみやかに廃棄しなければならない。廃棄の方法についても，紙媒体の資料についてはシュレッダーや溶解処理，電子媒体についてはバックアップのデータなどを含めて適切に消去する必要がある。とはいえ，収集した個人情報を調査後すぐに廃棄することは望ましい対応とはいえない。調査が終了した後も，しばらくは調査協力者からのデータ開示の請求や，問い合わせに対応できるよう備える必要がある。また，調査データについても，事後の検証が行えるよう，一定期間の保管をしておくことが望まれる。たとえば5年や10年といった年限を定めて保管を続け，その期間が経過した段階で廃棄するというような対応が現実的だろう。

4 結果報告の倫理

公正な結果報告　最後に本節では，調査結果をまとめる際の留意点について述べる。調査者の責務として述べた通り，結果報告にあたっては，事実に即した結果を中立的な立場から報告することが求められる。先入観や偏見をもって結果をまとめたり，調査者にとって都合のよい調査データだけを採用するようなことはあってはならないし，**捏造**(存在しない調査データ，調査結果などを事実のように仕立てあげること)や**改ざん**(調査データを本来とは違うものに加工すること)はもってのほかである(第 **4** 章も参照)。

調査結果の報告にあたって，関連する既存調査や公開されているデータなどを資料として利用することがある。それらを参照することで，自身の調査について考察を深めることはとても重要な作業である。ただしそれは先行する調査に敬意を払うとともに，他者の知的財産を侵害しないことが大前提となる。他者のアイディアや調査結果などを適切な表示なく流用すれば，それは**盗用**という不正行為になってしまう。したがって，適切なクレジットを示したうえで引用し，自身の考えと他者の考えを明確に区別することが大切である。たとえば下記に示すように，直接引用や間接引用といった形で示すことが一般的である。

> 直接引用（著者の文章でそのまま示す）
> 　松澤 (2013) は，「人文・社会科学系の場合，不正等のほとんどが「盗用型」(約 90％) であるのに対し，自然科学系の場合は，研究不正等の 56％は捏造・改ざん型で，盗用型は 26％程度であった」と述べている。
>
> 間接引用（要約して示す）
> 　松澤 (2013) によれば，人文・社会科学系では自然科学系よりも盗用型の研究不正が多いとされる。

近年，インターネットを介してさまざまな情報を手軽に入手できるようになったが，インターネットに掲載されている情報についても，なるべくその典拠に直接アクセスする姿勢が大切である。

第9章　実践と倫理

最後に　心理調査の実施にあたっては，社会の多様な問題を的確にキャッチし，調査方法や調査協力者の選択を適切に行うこと，そのうえで調査がもたらす調査協力者への影響を慎重に検討し，十分な倫理的配慮を行うことが求められる。

　本章では，調査者が心得ておくべき倫理規範について案内したが，ここで述べた内容は，あくまでも大枠としての基本事項にすぎない。そもそも倫理的問題に対する判断というものには，唯一の正解が存在するわけではない。つねに調査協力者に誠意をもって対応し，調査協力者が不快な思いをすることのない手立てを模索しなければならない。そのためには，心理調査に関する技能の研鑽や知識の更新に努め，よりよい調査や調査協力者への倫理的配慮のあり方について学び続けようとする姿勢が大切である。

Try

よりよい説明文書を考える

　ここに示しているのは，架空の心理調査の説明文書である。調査者は，企業内でのメンタルヘルスに関する実態について広く調査することを考えている。調査への協力を得ようとするにしては，内容が不十分なように思えるが，どのような改案が考えられるだろうか。

「労働者のストレスチェックに関する調査」
へのご協力のお願い

　拝啓　貴社におかれましてはご盛栄のこととお慶び申し上げます。
　さて，平成27年12月に改正労働安全衛生法に基づく労働者を対象としたストレスチェック制度が施行となりました。本調査は，労働者数50人以上の事業場を対象に，ストレスチェック制度の導入による効果（労務担当者の意識の変化，労働者のメンタルヘルス不調による休業実態の変化など）を調査し，事業場における心の健康づくりの推進方法について検討することを目的としています。調査の趣旨をお酌み取りいただき，ご協力いただければ幸甚です。

　　　　　　　　　　　　　　　　　　　　　　　　　　　　　敬具

【送付物】
1. 調査票
2. 同意書
3. 返信用封筒

この調査は，事業場の労務担当者の方に回答をお願いするものです。
同封の「同意書」へご署名いただき，回答済みの調査票とともにご返送ください。
調査票への回答には，20分程度かかります。
お答えいただきました調査結果，個人情報は，できるだけ厳重に管理いたします。

調査への協力は任意です。
お断りになったり，一度参加を決めてから辞退されても，何ら不利益を被ることはありません。

ご不明な点がありましたら下記までご連絡ください。

【問い合わせ先】
主任調査者：○○　○○
TEL：03-XXXX-XXXX
FAX：03-XXXX-XXXX
E-mail：XXX@XXX.co.jp

図9-3　心理調査の説明文書の例

引用・参照文献

American Psychological Association (2010) Ethical principles of psychologists and code of conduct. (http://www.apa.org/ethics/code)

Anastasi, A. & Urbina, S. (1997) *Psychological Testing, 7th Edition*. Pearson.

Barber, T. X., Goldstein, A. P. & Krasner, L. (1976) *Pitfalls in Human Research: Ten Pivotal Points*. Pergamon. (古崎敬監訳 1980『人間科学の方法——研究・実験における10のピットフォール』サイエンス社)

Brody, J. L., Gluck, J. P. & Aragon, A. S. (2000) Participants' understanding of the process of psychological research: debriefing. *Ethics & Behavior*, **10**, 13-25.

Cattell, J. M. (1895) Measurements of the accuracy of recollection. *Science*, **2**, 761-766.

Darwin, C. R. (1877) A biographical sketch of an infant. *Mind*, **2**, 285-294.

Forer, B. R. (1949) The fallacy of personal validation: A classroom demonstration of gullibility. *The Journal of Abnormal and Social Psychology*, **44**, 118-123.

Gescheider, G. A. (1997) *Psychophysics: The Fundamentals*. Erlbaum. (宮岡徹・金子利佳・倉片憲治・芝崎朱美訳 2002『心理物理学——方法・理論・応用〈上巻〉』北大路書房)

Gilbert, D. T., King, G., Pettigrew, S. & Wilson, T. D. (2016) Comment on "Estimating the reproducibility of psychological science". *Science*, **351**, 1037.

Glanzer, M. & Cunitz, A. R. (1966) Two storage mechanisms in free recall. *Journal of Verbal Learning and Verbal Behavior*, **5**, 351-360.

南風原朝和・市川伸一・下山晴彦編 (2001)『心理学研究法入門——調査・実験から実践まで』東京大学出版会

久本博行・関口理久子 (2011)『やさしいExcelで心理学実験』培風館

Holmes, T. H. & Rahe, R. H. (1967) The social readjustment rating scale. *Journal of Psychosomatic Research*, **11**, 213-218.

Holstein, J. & Gubrium, J. F. (1995) *The Active Interview*. SAGE Publications, Inc. (山田富秋・兼子一・倉石一郎・矢原隆行訳 2004『アクティヴ・インタビュー——相互行為としての社会調査』せりか書房)

加用文男 (2001)『光る泥だんご』ひとなる書房

Kirk, R. E. (1995) *Experimental Design: Procedures for Behavioral Sciences*. Brooks/Cole Publishing Company.

小島康生 (2006) 二人の子どもを持つ母親の子どもへのかかわりに関する自然観察研究——信号のない横断歩道場面での観察データから『家族心理学研究』**20**, 109-121.

小島康生 (2010) 外食場面での着席パターンに見る家族発達の特徴——子どもが2人の家族に着目して『家族心理学研究』**24**, 146-156.

鯨岡峻 (2005)『エピソード記述入門——実践と質的研究のために』東京大学出版会

槇田仁・小林ポオル・岩熊史朗 (1997)『文章完成法 (SCT) によるパーソナリティの診断手引』金子書房

松澤孝明 (2013) わが国における研究不正——公開情報に基づくマクロ分析 (1)『情報管理』**56**, 156-165.

Milgram, S.（1974）*Obedience to Authority: An Experimental View*. Harpercollins.（山形浩生訳 2008『服従の心理』河出書房新社）

三浦麻子（2015）心理学研究の「常識」が変わる?――心理学界における再現可能性問題への取り組み〔特集 その心理学信じていいですか?〕『心理学ワールド』**68**, 9-12.

三浦麻子・小林哲郎（2015）オンライン調査モニタのSatisficeに関する実験的研究『社会心理学研究』**31**, 1-12.

宮谷真人・坂田省吾・林光緒・坂田桐子・入戸野宏・森田愛子編（2009）『心理学基礎実習マニュアル』北大路書房

水本篤・竹内理（2008）研究論文における効果量の報告のために――基本的概念と注意点『関西英語教育学会紀要』**31**, 57-66.

文部科学省・厚生労働省（2014）人を対象とする医学系研究に関する倫理指針（http://www.mhlw.go.jp/file/06-Seisakujouhou-10600000-Daijinkanboukouseikagakuka/0000069410.pdf 2017年2月）

森敏昭・吉田寿夫（1990）『心理学のためのデータ解析テクニカルブック』北大路書房

村井潤一郎（2012）『Progress & Application 心理学研究法』サイエンス社

仲真紀子（2012）面接のあり方が目撃した出来事に関する児童の報告と記憶に及ぼす影響『心理学研究』**83**, 303-313.

中島義明・安藤清志・子安増生・坂野雄二・繁桝算男・立花政夫・箱田裕司編（1999）『心理学辞典』有斐閣

中澤潤・大野木裕明・南博文編（1997）『心理学マニュアル　観察法』北大路書房

日本臨床心理士会（2012）第6回「臨床心理士の動向調査」報告書

能智正博（2011）『臨床心理学をまなぶ6　質的研究法』東京大学出版会

小川俊樹（1992）わが国における臨床心理検査の現状とその日米比較『筑波大学心理学研究』**14**, 151-158.

小川俊樹・福森崇貴・角田陽子（2005）心理臨床の場における心理検査の使用頻度について『日本心理臨床学会第24回大会発表論文集』, 263.

岡堂哲雄編（1993）『心理検査学 臨床心理査定の基本［増補新版］』垣内出版

Okamura, H., Tsuda, A. & Matsuishi, T.（2011）The relationship between perceived loneliness and cortisol awakening responses on work days and weekends. *Japanese Psychological Research*, **53**, 113-120.

大久保街亜・岡田謙介（2012）『伝えるための心理統計――効果量・信頼区間・検定力』勁草書房

Open Science Collaboration（2015）Estimating the reproducibility of psychological science. *Science*, **349**, aac4716.

小塩真司（2011）「発達の多変量分析研究法と実例」岩立志津夫・西野泰広編『発達科学ハンドブック2　研究法と尺度』新曜社

Peirce, J. W.（2007）PsychoPy: Psychophysics software in Python. *Journal of Neuroscience Methods*, **162**, 8-13.

Ray, W. J.（2011）*Methods Toward a Science of Behavior and Experience*. Cengage Learning.（岡田圭二訳 2013『改訂エンサイクロペディア 心理学研究方法論［改訂版］』北大路書房）

斎藤清二・山田富秋・本山方子編（2014）『インタビューという実践』新曜社

Sample, I. (2015) Study delivers bleak verdict on validity of psychology experiment results. *The Guardian* (https: //www. theguardian. com/science/2015/aug/27/study-delivers-bleak-verdict-on-validity-of-psychology-experiment-results).
佐野勝男・槇田仁 (1991) 『精研式文章完成法テスト解説〈成人用〉』金子書房
佐藤郁哉 (2006) 『フィールドワーク――書を持って街へ出よう［増補版］』新曜社
サトウタツヤ (2014) 心理調査士の可能性――常務理事会から『心理学ワールド』**66**, 33.
Shneidman, E. S. (1949) Some comparisons among the Four Picture Test, Thematic Appercention Test, and Make a Picture Story Test. *Rorschach Research Exchange and Journal of Projective Techniques*, **13**, 150-154.
Stevens, S. S. (1951) *Handbook of Experimental Psychology.* Wiley.
Stroop, J. R. (1935) Studies of interference in serial verbal reactions. *Journal of Experimental Psychology: General Journal of Experimental Psychology, General*, **121**, 15-23.
杉森伸吉・安藤寿康・安藤典明・青柳肇・黒沢香・木島伸彦・松岡陽子・小堀修 (2004) 心理学研究者の倫理観――心理学研究者と学部生の意見分布，心理学研究者間の差異『パーソナリティ研究』**12**, 90-105.
鈴木淳子 (2005) 『調査面接の技法』ナカニシヤ出版
高橋登・山本登志哉編 (2016) 『子どもとお金――おこづかいの文化発達心理学』東京大学出版会
高野陽太郎・岡隆 (2004) 『心理学研究法――心を見つめる科学のまなざし』有斐閣
高坂聡 (1996) 幼稚園児のいざこざに関する自然観察的研究：おもちゃを取るための方略の分類『発達心理学研究』**7**, 62-72.
丹野宏昭 (2014)「心理測定尺度の探し方・使い方」宮本聡介・宇井美代子編『質問紙調査と心理測定尺度――計画から実施・解析まで』サイエンス社
津田彰・田中芳幸 (2009) いきいき度質問表実施マニュアル『福岡市健康づくり財団』
上村佳世子 (1996) 18か月児の社会化における母親の働きかけの機能『早稲田大学人間科学研究』**9**, 75-84.
Weir, K. (2015) A reproducibility crisis? The headlines were hard to miss: Psychology, they proclaimed, is in crisis. *Monitor on Psychology*, **46**, 39.
山田剛史・村井潤一郎 (2004) 『よくわかる心理統計』ミネルヴァ書房
やまだようこ (2006) 非構造化インタビューにおける問う技法――質問と語り直しプロセスのマイクロアナリシス『質的心理学研究』**5**, 194-216.
山口麻衣・鈴木直人 (2007a) 衝動的行動における自己報告尺度と行動的測度との関係性の検討『心理学研究』**78**, 441-445.
山口麻衣・鈴木直人 (2007b) 衝動的行動質問紙の作成と衝動的行動に影響するパーソナリティ特性との関係性の検討『感情心理学研究』**14**, 129-139.
Zimbardo, P. (2008) *The Lucifer Effect: Understanding How Good People Turn Evil*. Random House Trade Paperbacks.（鬼澤忍・中山宥訳 2015『ルシファー・エフェクト――ふつうの人が悪魔に変わるとき』海と月社）

事項索引

● アルファベット

ANOVA（analysis of variance） →分散分析法
F 分布　35
IRB（istitutional review bound） →施設内審査委員会
JND（just notifiable difference） →丁度可知差異
$N=1$ 実験　→単一事例実験
p 値　83
REC（research ethics committee） →倫理審査委員会
SCT（sentence comletion test） →文章完成テスト
SD 法　→セマンティック・ディファレンシャル法
TAT（thematic apperception test） →主題統覚検査
Type-I error　→第一種の過誤
Type-II error　→第二種の過誤
t 分布　35
YG 性格検査　→矢田部ギルフォード性格検査
z 得点（標準化得点）　35
χ^2（カイ二乗）分布　37

● あ 行

アクティブインタビュー　112
閾　132
　絶対——　132
　弁別——　17, 132
一対比較法　132
因果関係　49
因子　137
因子分析　137
　確認的——　138
インタビューガイド　118
インフォームド・アセント　171
インフォームド・コンセント　169
ウェクスラー式知能検査　153
内田クレペリン精神作業検査　158
横断調査　50
オプトアウト　171
オープンクエスチョン　5

● か 行

回帰分析　44
改ざん　175
カウンターバランス　→均衡化
確証バイアス　164
学範（ディシプリン）　3
　——関心駆動型　9
確率分布　31
学力検査　149
仮説　53, 69
　研究——　70
　統計的——　38, 70
仮説演繹法　32
仮説検定　41-43
片側検定　41
カットオフ値　→基準値
カッパ計数　95
カテゴリ　123
　——分析　123
感覚量　131
観察事態　90
観察者の立ち位置　90, 100
観察法　88
完全な関与による観察　90
完全無作為化計画　72
危険率（有意水準）　39-41, 83
基準値（カットオフ値）　161
期待値　36
帰無仮説　38, 70, 83

事項索引

客観性　88, 91, 167
キャリーオーバー効果　56, 62, 118
共変関係　50
虚偽検出検査　154
均衡化（カウンターバランス）　79
偶然誤差　→標本誤差
繰り返し測定計画　73
グループインタビュー（フォーカスグループ
　　インタビュー）　115
クローズドクエスチョン　5, 110
クロンバックのα係数　61, 138
計数測定　80
結果変数　→従属変数
検定力　45
　　——分析　45
現場（フィールド）　22, 100
効果量　45, 83
交互作用　77
　　1次の——　78
　　2次の——　78
構成概念　61, 127
構造化面接　110
　　半——　110
行動カテゴリ（行動目録）　89, 95
行動観察　104, 150
行動目録　→行動カテゴリ
行動論モデル　148
交絡　71
個体追跡観察　91
国家研究法　168
コモン・ルール　168
混合計画（分割プロット要因計画）　75

● さ　行

再現可能性　84
再検査法　60
作業検査法　153
参加観察法　99-102
参加者間計画　72, 75
参加者間変数　72

参加者内計画　72, 75
参加者内変数　72
散布図　18, 43
サンプル　→標本
視角　81
時間見本法　92
シークエンス分析　124
自己開示　157
事象見本法（場面見本法）　96
施設内審査委員会（IRB）　168
自然観察　89
悉皆調査　→全数調査
実験観察　89
実験計画（実験デザイン）　68
　　1要因の——　72
　　多要因の——　75
実験者効果　83
実験デザイン　→実験計画
質的研究　21, 144
質問紙法　127, 150
社会関心駆動型　9
社会調査　30, 51, 160
社会的望ましさ　51
尺度　126
　　間隔——　129
　　順序——　128
　　比率——　130
　　名義——　128
尺度構成（法）　126
　　間接——　131
　　精神物理学的——　131
　　直接——　131
自由記述法　→全生起行動記録法
従属変数（結果変数）　11, 32, 72
縦断調査　50
主効果　77
主題統覚検査（TAT）　152
順序効果　80
剰余変数（二次変数）　71
人格検査　150

183

心身相関　154
信頼性　59, 95, 113, 138
　——係数　61
心理学的測定　144
心理検査　144, 161
心理査定　146
心理尺度　52, 126
心理調査　2, 51
心理的距離　135
心理統計法　30
水準　71
性格検査　152
生活年齢　153
生活文脈　111
正規分布　34, 154
　標準——　35
精神診断論モデル　148
精神生理学　154
精神測定論モデル　148
精神年齢　153
精神物理学　15, 131
精神物理学的尺度　131
精神物理量関数　131
生体機能論モデル　148
生理指標　80, 154
生理心理学　154
折半法　60
説明文書　169
説明変数　→独立変数
セマンティック・ディファレンシャル法（SD法）　139
宣言的知識　10
全数調査（悉皆調査）　37, 58
全生起行動記録法（自由記述法）　91
相関関係　18, 43, 137
相関係数　43
相互交流　109, 113
操作的定義　70, 94
測定誤差　53
測度　80

組織的観察法　88

● た 行

第一種の過誤（Type-I error）　40
第二種の過誤（Type-II error）　40
代表値　37
対立仮説　38, 42, 70
多次元尺度構成法　134
妥当性　59, 138, 161
　基準関連——　61
　構成概念——　61, 139
　併存的——　61, 138
　予測的——　61
ダブルバーレル　55, 118
多変量解析　44, 137
単一参加者実験　→単一事例実験
単一事例実験（$N=1$実験；単一参加者実験）　78
単極尺度　140
単純一致率　95
チェックシート（データシート）　92
知能検査　19, 153
知能指数　153
中立性　167
調査　48
調査面接　108
調整法　17
丁度可知差異（JND）　17, 132
追試研究　63, 84
ディセプション　172
テキストマイニング　123
データ　15, 31
データアーカイブ　63
データシート　→チェックシート
手続的知識　10
点観察法　92
同意書　171
投映技法　→投映法
投映法（投映技法）　151
統計的検定　83, 138

統制　79
盗用　175
独立変数（説明変数）　11, 32, 70
度数分布図　36
努力の最小限化　64

● な 行

内的整合性　61, 138, 155
二次変数　→剰余変数
日誌法　88
認定心理士（心理調査）　2, 27, 41, 48, 52
捏造　4, 85, 175
ネット調査　62, 171
ノンパラメトリック統計法　33

● は 行

媒介変数　32
バウムテスト　155
恥知らずの折衷主義　22
バーナム効果　→フォアラー効果
場面設定法（場面想定法）　150
場面想定法　→場面設定法
場面見本法　→事象見本法
パラメトリック統計法　33
反証可能性　69
反応形態　149
反応時間　80
反応潜時　80
反応頻度　80
非関与的な観察　90
ビネー式知能検査　153
標準化　35, 161
標準化得点　→z得点
標準偏差　34-36, 129, 154
評定尺度　127, 136
評定量　80
標本（サンプル）　33, 58
標本誤差（偶然誤差）　36
標本調査　58
分厚い記述　22

フィールドエントリー　100
フィールドノーツ　101
フィールドワーク　13, 21, 114
フェイスシート　56
フェヒナーの法則　17
フォアラー効果（バーナム効果）　164
フォーカスグループインタビュー　→グループインタビュー
不正　3, 175
プライバシー　81, 120, 174
プライバシーポリシー　57
ブラインド法（盲検法）　83
　単一――　83
　二重――　83
ブロック化　73
プロトコル　122
分散　37, 129
　不偏――　36
　母――　34, 42
分散分析法（ANOVA）　78
文章完成テスト（SCT）　156
平行テスト法　60
ベースライン　78
偏差 IQ　153
変数　10, 32, 52
母集団　33, 42, 58
ポリグラフ　154

● ま 行

マグニチュード推定法　134
マッチング　79
無作為抽出（ランダムサンプリング）　33, 52, 116
メタ分析　63
面接者トレーニング　117
盲検法　→ブラインド法

● や 行

矢田部ギルフォード性格検査（YG 性格検査）　155

有意確率　83
有意水準　→危険率
有意抽出　59, 116
要因　70
要因計画　75
　完全無作為化──　75
　分割プロット──　→混合計画
　乱塊──　75
予備観察　91
予備調査　57, 116

● ら 行

乱塊法　72
ランダムサンプリング　→無作為抽出

リッカート尺度　136
両側検定　41
両極尺度　140
臨床面接　109
倫理審査　49, 117, 168
　──委員会（REC）　168
倫理的配慮　166
連結可能匿名化　172
連結不可能匿名化　173
ロールシャッハテスト　152

● わ 行

ワーディング　54, 118, 141
ワン・ゼロ法　92

人名索引

● あ 行

ウェーバー（E. H. Weber）　16, 17, 132
内田勇三郎　158
ヴント（W. M. Wundt）　14, 15, 19
エビングハウス（H. Ebbinghaus）　156
オスグッド（C. E. Osgood）　140

● か 行

ガリレオ（Galilei, Galileo）　31
ギアツ（C. Geertz）　22
キャテル（J. M. Cattell）　16, 19
ギルフォード（J. P. Guilford）　155
クレッチマー（E. Kretschmer）　157
クレペリン（E. Kraepelin）　158
ゴルトン（F. Galton）　16, 18

● さ 行

サーストン（L. L. Thurstone）　132, 135
佐藤郁哉　22
サトルズ（G. D. Suttles）　22
佐野勝男　156
シュナイドマン（E. S. Shneidman）　152
スキナー（B. F. Skinner）　25
ゼンメルヴァイス（I. F. Semmelveis）　8

● た 行

ダーウィン（C. R. Darwin）　88
辻岡美延　155

● な 行

ニュートン（I. Newton）　6, 7, 26

● は 行

ピアソン（K. Pearson）　18
ビネー（A. Binet）　16, 19, 153
フェヒナー（G. T. Fechner）　15-17, 132
フォアラー（B. Forer）　163
フック（R. Hooke）　26
フロイト（S. Freud）　151
ホール（G. S. Hall）　15, 16, 19, 20

● ま 行

元良勇次郎　15, 16, 20

● や 行

矢田部達郎　155

● わ 行

ワトソン（J. B. Watson）　6

心理調査の基礎
──心理学方法論を社会で活用するために
First step to Research Psychologist

2017 年 4 月 20 日　初版第 1 刷発行
2024 年 6 月 20 日　初版第 4 刷発行

監修者	公益社団法人 日本心理学会
編　者	サトウタツヤ 鈴　木　直　人
発行者	江　草　貞　治
発行所	株式会社　有　斐　閣 郵便番号 101-0051 東京都千代田区神田神保町 2-17 https://www.yuhikaku.co.jp/

印　刷　精文堂印刷株式会社
製　本　牧製本印刷株式会社

Ⓒ 2017, The Japanese Psychological Association / T. Sato & N. Suzuki. Printed in Japan
落丁・乱丁本はお取替えいたします。
★定価はカバーに表示してあります
ISBN 978-4-641-17428-3

JCOPY　本書の無断複写（コピー）は，著作権法上での例外を除き，禁じられています。複写される場合は，そのつど事前に（一社）出版者著作権管理機構（電話03-5244-5088, FAX03-5244-5089, e-mail:info@jcopy.or.jp）の許諾を得てください。